Jussi Parikka

유시 파리카 / 심효원

<컴북스이론총서>는
현대를 호흡하는 사상가들을 소개합니다.
단순한 사상의 축약, 해제가 아닙니다.
해당 사상가를 연구해 온 전문가가 직접
사상가의 핵심 키워드 10개를 뽑아 해설하고 비평합니다.
인간과 비인간, 현실과 가상, 문화와 야만의
경계를 넘나드는 모든 사상을 싣겠습니다.
오늘을 살아가는 모든 이의 나침반이 되겠습니다.

컴북스이론총서

유시 파리카

심효원

대한민국, 서울, 커뮤니케이션북스, 2025

유시 파리카

지은이 심효원
펴낸이 박영률

초판 1쇄 펴낸날 2025년 11월 21일

커뮤니케이션북스(주)
출판 등록 제313-2007-000166호(2007년 8월 17일)
02880 서울시 성북구 성북로 5-11
전화 (02) 7474 001, 팩스 (02) 736 5047
commbooks@commbooks.com
www.commbooks.com

ISBN 979-11-430-1439-9 04300

책값은 뒤표지에 표시되어 있습니다.

미디어로 그리는 문화역사의 다른 지도

유시 파리카(Jussi Parikka)는 핀란드 출신 동시대 미디어 연구자다. 현재 덴마크 오르후스대학교의 디지털미학·문화학과 교수이자 영국 사우샘프턴대학교의 방문연구교수로 있으며, 환경 미디어와 기술 문화를 연구한다. 신유물론, 포스트인간중심주의, 문화기술학 등 동시대의 활발한 인문학 흐름 속에서 파리카는 미디어에 관한 다양한 주장을 특정 개념이나 토대에 한정하지 않고 폭넓게 전개해 왔다. 주요 저작을 먼저 살펴보자. 파리카는 ≪미디어고고학이란 무엇인가?(What is Media Archaeology?)≫(2012), 편자로 기획한 ≪미디어고고학(Media Archaeology)≫(2011) 등으로 미디어고고학 담론을 주도적으로 생산했다. 또한 비인간 자연과 미디어 문화를 비이분법적인 생태의 영역으로 다룬 미디어 생태학 삼부작으로 반향을 불러일으켰다. 미디어 생태학 삼부작은 ≪디지털 감염: 컴퓨터 바이러스의 미디어고고학(Digital Contagions: A Media Archaeology of Computer Viruses)≫(2007), ≪곤충 미디

어: 동물과 기술의 고고학(Insect Media: An Archaeology of Animals and Technology)≫(2010) 그리고 잘 알려진 ≪미디어의 지질학(A Geology of Media)≫(2015)으로 구성된다. 최근에는 ≪가동적 이미지: 시각에서 비시각으로(Operational Images: From the Visual to the Invisual)≫(2023)에서처럼 가동적 이미지로 대표되며 인공지능까지 이어지는 행성 규모의 컴퓨팅, 시각 이미지가 우리의 감각과 인식을 재조정하는 척도와 (비)시각성의 문제 등에 관심을 기울였다. 파리카의 사상은 미디어고고학과 미디어 생태학으로 널리 알려져 있지만, 사실 그 이상의 다양한 논제를 다루고 있다. 현재는 환경 미디어, 디자인, 건축 등으로 연구 분야를 더욱 확장해 문화를 관찰하고 이를 역사학적 관심으로 펼치고 있다.

학문적 영향과 입지

파리카는 프리드리히 키틀러(Friedrich Kittler)와 소위 독일 미디어 이론에 대한 이해가 깊고, 베를린 훔볼트대학교 문화기술센터 등 동시대 독일에서 특히 활발한 문화기술학적 시도와 접점을 이룬다. 즉 독일발 미디어 이론의 영향을 받았다. 또한 키틀러가 미셸 푸코(Michel Foucault)의 영향을 받았듯이, 파리카 역시 담론, 고고학, 아카이브에 대한 논의에서 푸코를 자주 참조한다. 우리의 인식과 규모에 들어오지 않는 비의미적인 것, 또는 나머지를 이야기할 때 자크 데리다(Jacques Derrida) 역시 중요한 참조 대상이다.

그리고 우리의 사상·개념적 기반과 땅의 지반을 통합하는 파리카의 사고방식은 질 들뢰즈(Gilles Deleuze)와 펠릭스 가타리(Félix Guattari)가 ≪철학이란 무엇인가?(What is Philosophy?)≫(1991)에서 제시한 지구철학(geophilosophy), ≪천 개의 고원(A Thousand Plateaus)≫(1980)에서 제시한 지층과 관련 개념의 영향을 크게 받았다.

파리카는 동시대 이론 현장에서 함께 호흡하는 동료 미디어 연구자들의 영향도 받았다. 미디어에서 심원한 시간을 전개하는 주장은 지크프리트 칠린스키(Siegfried Zielinski)로부터 영향받았고, 과거와 현재의 단절점보다는 다양한 겹침을 포착해 내는 미디어고고학적 방법론은 에르키 후타모(Erkki Huhtamo)와 공명한다. 그리고 제프리 윈스럽영(Geoffrey Winthrop-Young)과 기계적 시간에 대한 관심을 공유한다. 또한 미디어를 바라보는 시선은 존 더럼 피터스(John Durham Peters)와 비견될 만큼 거시적이고 포괄적이다.

파리카는 영어로는 많이 번역되지 않은 동시대 독일 미디어 연구자들의 연구, 예를 들어 에리히 회를(Erich Hörl)과 크누트 에벨링(Knut Ebeling) 등의 연구를 참고하고 소개하기도 한다. 그중에서도 파리카가 가장 크게 영향받은 학자는 동시대 미디어고고학자인 볼프강 에른스트(Wolfgang Ernst)다. 파리카가 물질을 경유해 최종적으로 이야기하고자 하는 시간성 개념, 미디어의 비담론적 역사에 대한 주장은 에른스트로부터 가져왔다. 그 외에도 파리카는 토마스 엘세서(Thomas Elsaesser)나 완다 스트로벤(Wanda Strauven) 같이 (주로 초기) 영화의 비주류적 장치와 문화에 집중하는 이들의 영화학적 시도, 제인 베넷(Jane Bennett)의 생기 유물론이나 로지 브라이도티(Rosi Braidotti) 같이 물질성을 특정한 인식론이나 주체성 형성과 상호 연결한 페미니즘 신유물론으로부터 영감을 얻는다.

그런데 파리카에게 학문이란 어떤 일련의 방향성을 취하거나 정박하기 위한 것이 아니라, 우리가 흐름을 탈 수 있는 과정이자 실천이다. 그래서 파리카는 특정 학파나 경향으로부터 영향을 받거나 그 전체 내용에 동의하기보다는 그로부터 어떤 논의를 더 전개할 수 있을지에 관심을 보인다. 가령 키틀러를 참조하면서도 키틀러가 회로·전압 등과 관련된 하드웨어적 물질성이 아닌 것들을 미디어에서 제외했다고 비판한다. 이는 인간이 비인간 존재를 배제해 온 오랜 역사와 마찬가지로 키틀러도 정치적 맥락을 배제하고 하드웨어 측면만을 중시했다는 비판이다. 이러한 맥락에서 파리카는 미디어를 구성하는 것에 젠더, 정동, 노동, 전 지구적 물류 등의 물질성을 포함한다. 또한 푸코의 고고학이 종종 은유적 고고학으로 다뤄진다고 보고 그것을 비(非)담론적 상황, 기관, 조건의 물질성, 언표의 물질적 영향력을 더욱 강조하기 위한 차원으로 언급한다.

파리카는 이전 사상가들에게 영향받고 동시대 연구자들과 교류하지만, 특정 인물이나 학파의 계보를 명시적으로 잇지는 않는다. 파리카는 특정 지역성이나 제도적 배경에 정박되지 않으며, 이론·예술·기술을 넘나들며 탐색하는 유목적 실천을 지향한다. 미디어고고학, 미디어 지질학, 가동적 이미지론 등 파리카가 행한 일련의 작업은 인문과학과 자연과학의 경계를 넘나들며, 동시대의 감각을 반영하는 유연한 생각들로 통합된다.

미디어: 비인간, 물질성, 시간성

파리카는 미디어를 단독 기술이나 장치로 대하지 않는다.

그 대신 생태, 문화, 지층, 역사 등이 얽힌 물질적 기반과 전 지구적 영향을 강조한다. 이제껏 우리가 미디어에 대해 지녀 온 통상적 관념은 사용 구간에 주로 한정된 단면에 불과했다. 그러나 사실상 미디어는 원자재로서 지구 아래 광물이었던 시간, 채굴·가공·이동되는 시간, 공장 등지에서 제조되는 시간, 폐기된 이후의 시간 전체에 걸친 다양한 양상을 지닌다. 파리카는 미디어 기술과 문화가 인간들에게 한정된 것이 아니며, 전 지구적인 물리적 순환과 엮여 있다고 주장한다. 그리고 우리가 알고 있는 미디어의 양상은 일부에 불과하며, 미디어가 인간을 초과하는 척도와 인간 감각을 넘어선 비시각성까지 포괄한다는 점을 강조한다.

그래서 미디어는 한 단면만 분리해서 다루어서는 안 된다는 것이 파리카의 입장이다. 미시적인 것도 전 지구적으로 다양한 층위와 연결되어 있거나, 미시적인 것으로 보일지라도 어떤 시간에 특정되지 않고 심원한 시간 범위에 걸쳐 존재할 수 있기 때문이다. 미디어는 그것의 외부로 간주되어 온 자연으로부터 왔고, 우리가 살아가는 동시대 삶의 기반으로서 자연이 된다. 파리카는 미디어가 자연 그 자체라고 주장한다. 이 주장은 파리카의 핵심 개념 중 하나인 '미디어자연(medianatures)'에 집약되어 있다.

자연으로부터 유래한, 혹은 우리의 자연이 된 미디어는

여러 사례들로 펼쳐진다. 파리카는 컴퓨터 바이러스, 곤충, 지층, 날씨, 가동적 이미지, 식물 등을 미디어자연으로서 동시대 미디어의 기술과 문화를 이해하기 위한 중요한 사례로 취했다. 먼저 파리카는 자신의 박사 논문 주제이기도 한 컴퓨터 바이러스를 생체 바이러스와 동일하게 예측할 수 없는 자기 복제와 확산을 특징으로 하며, 위협이자 기회로 작용하는 디지털 자본주의 시스템의 핵심으로 간주한다. 또한 곤충 미디어 개념으로 곤충의 존재가 1980년대 이후 현대 미디어 기술에 분산적이고 자율적인 군집지능 모델로 도입된 정동적 배치로 거듭났음을 분석한다. 인간과 비인간이 교차하는 미디어의 생태는 미디어의 무기물적 기원과 그 지층을 분석하는 미디어의 지질학으로 이어진다. 한편 땅 아래로의 발굴이라는 발상은 동시대의 학문과 미디어 기술, 예술, 과학을 통합적으로 바라보는 관점을 제시하는 미디어고고학과 연결된다. 미디어고고학은 과거·현재의 선형적 시간으로부터 벗어나 진보 서사와의 결속을 끊으며, 궁극적으로 미래의 아카이브와 또 다른 역사를 그리는 방법론이다. 최근 가동적 이미지에 대한 파리카의 주장은 이미지가 인간에게 보이는 시각의 범위를 벗어나 이제 보이기 위한 대상이 아니라 그 자체로 세계에 작용하는 거대한 데이터 기반 체계가 되었음을 일깨운다.

파리카가 미디어 기술, 예술, 과학을 가로지르는 풍부한 저작 활동을 이어 온 만큼 그의 논의에 접근할 수 있는 진입구는 매우 다양하다. 단, 어떤 경로로 들어가더라도 여러 층위와 쟁점을 관통하는 전제를 발견할 수 있다. 이 논의를 비인간, 물질성, 시간성이라는 세 가지 핵심 범주를 중심으로 조망하려 한다.

파리카는 미디어 기술과 문화를 논할 때 늘 비인간에 초점을 맞추어 왔다. 비인간은 파리카가 지금까지 다룬 주제 전체를 아우르는 핵심이다. 이는 미디어가 인간의 확장이라는 마셜 매클루언(Marshall McLuhan)의 입장과 대립한다. 파리카는 근본적으로 미디어를 비인간 혹은 무인의 무언가로 대하며, 인간이 중심에 놓인 전통적 인본주의 관점에 반대한다. 이는 '인간'이라는 용어와 그 의미를 이어 나갈 때 지금까지 수반되어 온 배타성을 극복하기 위함이다. 파리카의 문제의식은 "미디어가 우리의 상황을 결정한다"(Kittler, 2019: 7)는 키틀러의 문구와도 맞닿아 있다. 파리카는 이를 생태, 지질, 무인 기술과 관련한 동시대적 상황으로서 고민하고 이어 나간다. 어떤 주제를 다루든 파리카의 논제는 '인간사에 집중했을 때 비인간 존재들이 어떻게 배제되고, 인간은 어떻게 스스로를 특권화했는가'라는 질문에 뿌리를 둔다.

그러나 누군가를 기술결정론자로 규정하는 것은 "귀여운 강아지의 목을 조르기"(Winthrop-Young, 2011: 121)를 즐기는 것과 비슷하다는 윈스럽영의 말처럼 이러한 미디어학적 시도는 인간에 대한 관심을 거두려는 것도, 인간이 발 딛고 살아가는 세상의 맥락을 축소하려는 것도 아니다. 미디어와 그 비인간 행위성(non-human agency)에 주목하는 파리카의 시도에는 문화를 인간이 일부로 포함된 훨씬 더 큰 (혹은 다른) 것으로 이해하려는 목표가 있다. 가령 키틀러는 인간을 미디어 효과가 일으킨 부차적 산물로서 '소위 인간'으로 대했지만, 그가 제시한 담론 네트워크 개념은 사실상 문화의 또 다른 이름이었다. 실제로 키틀러가 시도한 것은 인간 문화를 구성하는 것이 무엇인지와 그것의 작동 원리를 유물론적 관점에서 밝히는 일이었다. 파리카가 비인간을 강조하는 것 역시 그동안 우리의 감각과 인식에서 벗어나 있었던 다양한 비인간 존재가 인간의 전유물로 여겨져 온 기술과 문화를 어느 정도로 인간과 함께 능동적으로 구성하고 있는지 밝히기 위함이다.

미디어 문화는 인간이 주도적으로 기술을 사용하고 그러면서 스스로를 증강하는 것으로만 이해되어서는 안 된다. 미디어 문화에는 광물, 곤충, 가동적 이미지 등의 비인간적 작용이 엮여 있다. 또한 그것은 인간의 의도와 목적에 의해서만 견인되는 것이 아니라 비인간적 작용들과의 얽힘 속에서 공동 구성된다. 인간은 문화를 구성하는 전부가 아닌 일부 요소이며, 다른 비인간 존재들과 평평한 위상을 지닌다. 인간은 자신의 삶을 구성하는 비인간적 작용을 온전히 알고 느끼지 못하며, 특히 시간적 지속 면에서 한계를 지닌다. 단호하게 말하자면 인간과 비인간의 관계적이고 물리적인 얽힘 속에서 인간은 스스로가 생각하는 만큼 특권화된 온전한 주체가 아니다.

인간 중심의 문화적 테두리 안에서 보더라도, 기술 자본주의와 채취[채굴]주의(extractivism)가 개인의 주체성을 실현할 것이라는 희망과는 별개로 우리는 현실을 냉정하게 직시할 필요가 있다. 이는 현재 특정 방식으로 고착화된 주류 체계가 미래에도 그대로 유지된다면 잠재된 가능성들이 소거된 채로 남을 수 있다는 경고이기도 하다. 그래서 파리카에게 과거로부터 온 광물, 잊힌 과거의 별난 장치들을 발굴하고 현재의 화두로 삼는 것은 미래를 대비해 잠재된 가능성들을 되살리고 발휘하는 실천이기도 하다. 무엇보다 이러한 시도를 통해 우리는 기술 자본주의와 채취주의라는 인간 중심 체계가 지극히 부정적인 의미에서 '비인간적'이라는 사실을 유념할 수 있다. 사회적·문화적 체계는 이미 비인간적 작동 원리로 구성되어 있다. 가령 경제나 기술 산업 분야에서 대기업이나 국민국가 같은 거대 주체가 아닌 개인이, 다른 이들과 끊임없이 경쟁하며 (독주하는 상황이라면 작년의 자신과 경쟁하며) 통계 그래프의 곡선을 우상향으로 만들지 않고 다른 모양을 목표로 할 수 있을까? 다시 말해 어떤 개인이 주류 체계를 느려지게 하거나 거꾸로 가게 할 결정권을 가질 수 있을까?

파리카는 동시대 주류 체계가 인간을 초월한 목표지향성을 띤다고 보면서도, 가속과 감속을 특정한 가치나 대립 구도로 묘사하거나 시간과 관련해 집단행동을 촉구하는 어떠한 '-주의'를 제시하지는 않는다. 다시 말해 파리카는 가속'주의', 미래'주의' 대신 시간에 대한 여러 갈래의 대안적 개념을 제안한다. 참고로 가속주의란 동시대의 시간적 속도와 기술, 인프라, 플랫폼 등의 쟁점을 엮은 해체적 가능성을 추구하는 흐름이며 관련 인물로는 로빈 매케이(Robin Mackay), 닉 랜드(Nick Land) 등이 있다. 이들은 파리카와는 다른 접근법으로 시간을 다루지만, 대체로 이들과 파리카처럼 시간성에 주목하는 동시대 사상가들을 참고해 러다이트 운동(Luddite Movement)과 같은 기계 파괴적 저항을 본다면, 그것은 인간과 기계를 대립시키는 이분법에 근거한 인간중심적 반응으로 이해될 수 있으며, 오늘날의 기술체계에서는 더 이상 유효한 대응으로 보기 어렵다. 그중에서 파리카가 택한 방법은 현재 주류 체계가 지향하는 우상향 곡선을 그리기 위한 전제인 과거-현재-미래의 축을 와해하는 사례를 발굴하는 것이다. 이 사례들을 통해 파리카는 동시대가 다중적 시간성을 특징으로 하며, 가속과 감속이 동시에 일어나면서 교차한다는 사실을 드러내려 한다.

이처럼 파리카는 시간성을 재구성하고 기술의 물질적 기원을 면밀하게 분석하면서 전 지구적 규모의 체계를 비판한다. 그런데 비인간을 중요하게 여기는 파리카의 관점은 이 체계 속에서, 그리고 인간 사이에서 일어나는 책임이나 윤리적 문제를 흐릿하게 하거나 배제하지 않는다. 오히려 디지털 문화의 진보 신화 이면에 감춰진, 국가-군사-자본주의가 끊임없이 생성하는 첨예한 정치적·지정학적 문제들을 비인간 작용과 엮어서 거론한다. 가령 광물이 제조 과정에서 미세 분진이 되어 노동자의 폐에 흡착한다거나, 탄탈룸 채굴이 아동 노동과 콩고 내전과 연관된다거나, 스마트폰을 포함한 전자기기가 제조되는 곳이 주로 모호하고 취약한 법적 회색 지대에 집중되어 부당한 노동 착취가 이루어진다거나 하는 비극이 그러한 문제에 해당한다.

비인간 다음으로 살펴볼 파리카 논의의 핵심 범주는 물

질성이다. 미디어는 실제 물질로 만들어지고, 인간 문화는 현재진행형으로 작용하는 물질성에 근간을 둔다. 따라서 파리카는 미디어의 구체적 상태에 기반을 두고서 우리와 함께 어딘가에서 위치를 점하며 물리적으로 전 지구적 영향력을 발휘하는 미디어의 양상을 면밀히 살핀다. 이는 과거의 장치 즉 올드미디어를 '발굴'해 그것이 어떻게 우리의 현재 삶에 작용하는지를 고찰하는 미디어고고학적 방법론으로 펼쳐진다. 이러한 방법론은 ≪미디어의 지질학≫에서 미디어가 되기 이전 상태부터 버려진 이후까지 미디어의 전 과정을 살펴보자는 주장에서 명시적으로 드러난다. 여기서 유의해야 할 점은 파리카의 미디어 유물론이 만지거나 볼 수 있는 형태로 전개되지 않는 미디어의 작용까지 포함한다는 것이다. 미세먼지나 금속 분진처럼 물리적으로는 존재하지만 우리 눈에는 보이지 않는 유독성의 작용은 지구온난화로 대표되는 인류세의 '느린 폭력'이자 그 일환에서 일어나는 미디어의 느린 폭력이다. 파리카의 유물론적 입장은 하드웨어나 물적 인프라에만 국한되지 않으며, 심지어 우리에게 보이지 않고 느껴지지 않는 작용으로서 잔여의 존재론으로 확대되기도 한다.

궁극적으로 파리카는 비인간과 물질성이라는 키워드를 통해 동시대의 시간성을 밝힌다. 즉 파리카의 전체 작업은

'미디어를 통한 시간성의 사유'로 요약할 수 있다. 미디어고고학을 "시간을 다루는 이론이자 방법론"으로 정의한 데서 알 수 있듯, 파리카는 동시대 디지털 문화에 관여하는 비인간의 물질성을 '시간 결정적 관점'으로 보면서 새로운 미디어에 중첩된 오래된, 심원한 시간을 찾아내고 묘사한다. 파리카는 미디어고고학, 미디어의 지질학, 미디어 생태학 중 어떤 진입구로 미디어에 접근하든 동시대적 시간성이 비인간 물질의 작용을 통해 비동기적이고 복합적인 구조로 이루어지며, 거기서 다양한 리듬과 지속성이 교차하고 있음을 말해 왔다. 더 나아가 지금 우리는 인간만이 유일하게 존재하는 시간성이 아닌 기계와 광물 등에 담겨 있는 복수의 다중적 "시간(현실)성들[tempor(e)alities]"(Parikka, 2016: 9)의 시대를 살고 있다고 주장한다. 이렇듯 동시대의 시간은 복잡성을 띠기 때문에 인간 중심의 역사적 시대 구분이나 오직 시간과 관련된 쟁점만 고려하는 지도 제작법으로 이해할 수 없다. 파리카가 지금까지 다양한 미디어적·비인간적 주제, 대상, 사례로 광범하게 그려 온 또 다른 지도의 당위성이 여기 있다.

파리카에 따르면 동시대 시간성의 한쪽에는 연산 미디어가 만들어 내는 미시적 시간성(microtemporality)이 있고, 다른 한쪽에는 연산 미디어의 기반[지반]인 광물의 심원한 시간이 있다.

현재 작동하는 기술 문화의 시간성은 '미시적 시간성' 혹은 '시간 결정적임(time-critical)'으로 특징지을 수 있다. 미시적 시간성이란 컴퓨팅이 인간이 감지할 수 있는 문턱값(threshold)보다 짧은 시간에 작동해 거의 실시간 처리됨을 의미한다. 가령 데이터 처리, 실행, 전송 등의 과정에서 시간 지연은 나노초(nanosecond, ns)에서 밀리초(millisecond, ms)에 이르는 미시적 수준이어야 한다. 그리고 이 디지털 처리 과정은 과거 알파벳(문자) 기반 서사처럼 순차적이고 연속적인 구조가 아니라 불연속적인, 즉 이산적(discrete)인 개별 인스턴스로 이루어진다. 이 인스턴스가 시간 임계 프로세스에 의해 고속으로 촘촘히 발생한다. 동시대 미디어는 그 자체로 이러한 시간 결정성을 내포한다. 즉 시간 속에 존재한다기보다 하드드라이브의 회전 속도, 컴퓨터의 클록(clock) 시간, 네트워크 핑처럼 시간을 만들어 낸다. 이렇게 기계는 기계 특정적 시간성을 인간에게 부여한다. 기계 특정적 시간성이란 기존 역사적 방식에서의 "서술하기(recounting)가 아니라 계산하는(counting) 기억[메모리]을 다루는 것이다"(Ernst, 2013: 71).

그런데 역설적이게도 미시적 시간성은 하드웨어 부품들을 기반으로 가동되며, 이 부품들은 인간의 역사를 훨씬 뛰어넘는 '심원한 시간'을 담고 있다. 즉 동시대의 시간성에는 연산 미디어의 미시적 시간성과 광물이 지닌 비인간적 시간성이 중첩되어 있고, 이들 시간성은 전 지구적 규모로 맞물려 있다.

정리하자면 파리카는 기존 역사주의적 시간관, 즉 선형적 진보 서사로서의 시간에 의문을 제기하며, 미디어의 물질적 잔여, 과거의 데이터, 실현되지 못하거나 잊힌 과거의 사례, 비인간 시간성을 발생시키고 가동하는 동시대 미디어 등을 통해 현재를 비판적으로 되묻는다. 이는 문화를 인간사나 인간 감각을 뛰어넘는 규모, 즉 지구 행성 규모로 확장해 이해하면서 그것을 인간 중심의 기존 문화사와는 다른 역사적 관점에서 맥락화하는 작업이다. 파리카는 물질성과 관련 개념들을 기존 인식을 전복해 다양한 갈래의 질문과 논의를 여는 진입구로 삼는다. 미디어 뒤에 '고고학', '생태학', '지질학' 등을 붙이는 작명에서도 드러나듯, 이는 학문 간 경계를 가로지르는 시도이기도 하다.

한편 파리카는 후타모와 편저해 미디어의 다양한 이론적·실천적 측면을 탐색한 ≪미디어고고학≫처럼 다른 분야의 동료 연구자나 예술가와 공동으로 쓰고 엮는 책 작업도 활발하게 전개하고 있다. 그렇게 출간한 책으로는 퍼포먼스 연구자 리베카 슈나이더(Rebecca Schneider)와 서로의 개념을 참조해 쓴 ≪잔여(Remain)≫(2019), 사진학자 토마시 드보르자크(Tomáš Dvořák)와 함께 현실을 구성하고 조율하는 기술적·정치적 이미지 생태계로서 사진을 다룬 ≪규모를 벗어난 사진(Photography Off the Scale)≫(2021), 예술 기획자 다프네 드라고나(Daphne Dragona)와 공동 기획한 전시 <날씨 엔진(Weather Engines)>의 연계 편서 ≪날씨의 낱말들: 용어집(Words of Weather: A Glossary)≫(2022) 등이 있다. 최근에는 예술가 아벨라르도 길푸르니에(Abelardo Gil-Fournier)와 공저한 ≪살아 있는 표면: 이미지, 식물, 미디어 환경(Living Surfaces: Images, Plants, and Environments of Media)≫(2024)에서 식물의 표면을 생명과 이미지, 기술이 얽힌 살아 있는 미디어로 보고, 이를 데이터화하고 관찰·측정하는 미디어 기술을 다루었다. 예술 역시 이론적 개념 못지않은 파리카 논의의 핵심이다. 파리카에게 예술과 이론은 서로 다른 방식의 대화를 주고받는 실천이다. 이는 파리카가 미디어고고학의 실천적 사례를 들 때 예술과 이론 양쪽을 강조하는 데서 드러난다.

동시대 문화역사를 그리기

파리카는 고정된 체계에 머물지 않고 끊임없이 시간과 공간 속에서 재배열되며 이동하는 생각들을 펼친다. 파리카는 개념과 대상을 시간과 공간에 따라 끊임없이 재구성하고 맥락화하는 유목적 사고를 통해 분과의 경계와 이원론에 도전한다. 이러한 태도는 파리카로 하여금 미디어를 단순한 기술적 장치나 인간 중심의 의미 체계로 환원하지 않고 자연과 기술, 역사와 문화가 복합적으로 얽혀 있는 행성적·지질학적 차원으로 바라보게 한다.

파리카가 주목하는 것은 문화가 형성되는 과정에서 비인간 존재들이 띠는 행위성과 그 영향력이다. 파리카는 인문학에서 오직 인간만을 문화의 전부로 다루는 인간 본위적 관점을 걷어 내어 미디어가 자연에서 기원해 우리 삶의 환경이 되고 있음을 강조한다. 즉 미디어와 자연, 기술과 생태가 긴밀하게 맞물려 돌아가는 '미디어자연'으로서 세계를 새롭게 인식하게 한다.

또한 파리카는 미디어의 물질성과 시간성이 얽히고설키면서 선형적 시간이나 인류 중심 역사관을 넘어서는 복수의 다중적 시간성들이 공존함을 밝힌다. 미디어는 우리가 감지하기 어려운 미시적 시간 속에서 가동되는 동시에 광물과 같은 자연적 물질에 담긴 심원하고 깊은 시간을 내포한다. 이처럼 미디어를 둘러싼 시간의 층위는 다양하고 복잡하게 교차한다. 파리카는 이를 통해 인간 중심의 시간과 서사 특정적 역사 관념에 도전한다.

아울러 파리카의 작업은 예술과 이론 그리고 과학 사이 경계를 해체하며, 다학문적·탈분과적 협력과 교차의 지도를 그려 낸다. 파리카에게 학문은 고착된 체계가 아니라 변화하는 맥락에 유동적으로 대응하는 '행하기(doing)'이며, 다양한 층위의 존재들과 그 사이의 긴장·상호작용을 포착하려는 시도다.

결국 파리카의 모든 논의는 미디어를 포함한, 혹은 미디어를 매개로 연결된 비인간을 인류 역사의 일부이자 그것을 넘어서는 행성적 행위자로 인정하고 자리매김하는 일이다. 이는 인간중심주의의 한계를 일깨우며 기억과 기록, 잔여와 아카이브가 놓인 시간의 다양한 차원들을 살피게 한다. 파리카는 여러 주제를 넘나들며 이러한 열린 관점과 동시대적 감각을 꾸준히 쇄신하고 확장해 왔다. 이 책의 구성과 인물 없는 표지에서도 드러나듯, 이는 비인간적 관점을 바탕으로 특정 인물이 견인해 온 학문적 구획화를 벗어나려는 시도로도 읽힌다. 요컨대 파리카는 미디어를 경유해 포스트인문학이라고 불릴 만한 지적 전환을 꾀하며, 인간과 비인간, 자연과 기술, 시간과 물질이 통합적·복합적으로 작동하는 오늘날의 세계를 이해하고 인간 스스로를 돌아보는 데 필수적인 통찰을 제공한다. 이것이 파리카가 전개하는 문화역사적 기획의 의의다.

참고문헌

Ernst, W.(2013). *Digital Memory and the Archive*. University of Minnesota Press.

Kittler, F.(1986). *Grammophon, Film, Typewriter*. Brinkmann & Bose Verlag. 유현주·김남시 옮김(2019). ≪축음기, 영화, 타자기≫. 문학과지성사.

Parikka, J.(2012). *What is Media Archaeology?*. Polity. 미디어고고학 세미나팀(2025). ≪미디어고고학이란 무엇인가?≫. 현실문화.

Parikka, J.(2015). *A Geology of Media*. University of Minnesota Press. 심효원 옮김(2025). ≪미디어의 지질학≫. 현실문화.

Parikka, J.(2016). *A Slow, Contemporary Violence: Damaged Environments of Technological Culture*. Sternberg Press.

Winthrop-Young, G.(2011). *Kittler and the Media*. Polity.

차례

일러두기

- 인명, 작품명, 저서명, 개념어 등은 한글과 함께 괄호 안에 해당 국가의 원어를 병기했습니다.
- 외래어 표기는 현행 어문규정의 외래어표기법을 따랐습니다. 단, '발터 벤야민(Walter Benjamin)'은 국내에서 통용되는 표기를 따랐습니다.
- 중복되는 괄호나 이중적으로 해석될 수 있는 단어의 뜻에는 '[ ]'를 사용했습니다.

01
바이러스와 곤충 미디어

파리카의 미디어 생태학 삼부작 중 두 연구는 각각 컴퓨터 바이러스와 곤충을 다룬다. 파리카는 컴퓨터 바이러스를 통해 디지털 환경에 내재한 감염과 전파의 속성을 드러내고, 곤충을 통해 분산 지능과 개체화 등의 개념을 기술 문화와 연결한다. 기술과 생명의 비인간적 연결은 동시대 네트워크의 존재 방식을 조명한다.

컴퓨터 바이러스

파리카의 미디어 생태학 삼부작 중 처음 두 기획은 컴퓨터 바이러스와 곤충 미디어를 다룬다. 컴퓨터 바이러스는 동시대 네트워크 환경에서 생물학적 바이러스와 다름없는 감염이라는 특징을 드러내는 주제다. 곤충 미디어는 곤충과 현재 디지털 문화가 공명하는 특징들, 대표적으로 군집과 분산 지능을 발견하기 위한 개념이다. 이 두 초창기 연구 주제에서부터 파리카는 일관되게 역사적 사례들을 통해 주류의 관점을 뒤집고, 그로부터 동시대적 맥락을 찾아내 왔다. 이는 동시대 미디어 기술이 자연을 어떻게 변형하는지 탐색하는 데 그치지 않고 동시대 미디어 기술 속에 이미 존재하고 있던 자연을 양방향으로 살피려는 시도다.

애나 칭(Anna Tsing)이 ≪세계 끝의 버섯(The Mushroom at the End of the World)≫에서 제시한 오염(contamination) 개념과 마찬가지로(Tsing, 2023: 63) 파리카의 감염(contagion) 개념 역시 자본주의와 생태 관계가 물리적으로 얽힌 지금의 세계에서 복수의 존재들이 살아가는 원리를 가리킨다. 칭이 종(species)과 숲에 대한 인류학적 시선으로 이 원리를 풀어낸다면, 파리카는 바이러스 확산이라는 맥락에서 기술 미디어, 특히 디지털 네트워크에 집중한다. 파리카의 감염 개념의 전제는 디지털 기술, 특히 통신 기술이 우리를 오염시키고 이 오염은 일방향적이지 않다는 데, 즉 인간도 미디어를 오염시킨다는 데 있다.

생물과 기술의 경계를 넘어서는 이러한 이야기는 브램 스토커(Bram Stoker)의 ≪드라큘라(Dracula)≫로 거슬러 올라간다. 이 소설에서 드라큘라의 바이러스 코드는 관을 통해 도시로 옮겨 온 흙을 매개로 전역으로 퍼져 나간다. 이때 바이러스를 전파하는 감염 벡터는 흙이라는 '기층'과 컴퓨터 '기판' 둘 다를 의미하는 'substrate'다. 마찬가지로 'communication'도 존재들 사이에서 일어나는 '소통'이자 여러 기술적 메커니즘으로 이루어지는 '통신'이며, 이 두 가지 의미는 깨끗하게 분리될 수 없다. 소통과 통신은 여러 요소들의 교차를 통해 경계를 넘거나 재조정되는 상호적 영향이 그 본질이기 때문이다. 'communication'은 흙이나 기판(혹은 양자 모두)을 토대로 일어난다. 이는 생물적인 것과 기술적인 것 사이 구분을 뛰어넘는 디지털 생태라는 표현에 함축되어 있으며, 바이러스는 이러한 디지털 생태를 가장 잘 드러낼 수 있는 주제다.

파리카는 컴퓨터가 보급되고 바이러스 문화와 관련 논의가 불거진 1970년대에서 1990년대 사이를 집중적으로 살핀다. 그중에서도 컴퓨터 보안 문제에 대한 시대적 반응을 주목한다. 컴퓨터 바이러스는 국가 안보, 국제 무역, 개인 사용자를 위협하는 존재로 여겨졌고, 텔레비전이나 신문 등의 언론에서는 그것을 질병으로 묘사하며 공포를 유발했다. '바이러스'라는 작명에서 엿볼 수 있듯, 이는 당시 첨예한 사안으로 다루어진 생물학적 질병인 HIV/AIDS와 궤를 같이한다. 실제로 컴퓨터 바이러스는 컴퓨터 에이즈라고 종종 불렸다. 바이러스는 생물에서든 컴퓨터 기술에서든 사람의 신체나 컴퓨터의 몸체라는 개인적 경계 내부로 침투하고 그곳을 거점 삼아 자신의 속성을 외부로 확산한다. 언론, 정책 담론 등은 이러한 '사고(accident)'를 방지하기 위해 안전한 사용과 위생을 강조하고 그에 대한 책임을 사용자에게 지웠다. 이는 개인에 대한 전형적인 생명정치적 통제다.

파리카는 이러한 컴퓨터 초창기의 경향을 살펴봄으로써 컴퓨터 바이러스가 네트워크 문화에 있어서는 안 될 것이라기보다는 네트워크 문화의 핵심임을 주장하려 했다. 비록 컴퓨터 바이러스는 부정적으로 묘사되지만, 그것을 박멸 대상으로 삼는 것은 백신 소프트웨어 개발이라는 또 다른 자본주의적 성장의 기회가 된다. 이는 자본주의 자체가 사고를 기회로 삼아 증식을 꾀하는 바이러스처럼 기능함을 시사한다.

미디어는 정보, 사람 등 여러 요소들을 매개하는 과정에서 그것들을 고유의 기술적 방식으로 변형하고 일부를 누락하거나 덧붙인다. 그러한 매개 과정에서는 늘 사고가 일어날 수밖에 없다. 파리카는 폴 비릴리오(Paul Virilio)로부터 영감을 받아 어떤 기술이 생기면 그것이 생긴 목적에 부합하지 않는 요소도 함께 생기며, 이 우연적 요소들이 사고를 발생시킨다는 점을 강조한다. 파리카에 따르면 기술에서 이 의도하지 않은 요소들, 그것들이 일으키는 사고는 자연스러운 가동성의 일환에서 바라봐야 한다. 이는 컴퓨터 바이러스가 기술적 결함이 아니라 기술의 일부임을 강조하는 주장이다. 바이러스는 배제될 수 없으며, 오히려 디지털 네트워크가 어떻게 가동되고 있는지를 보여 준다. 더 나아가 컴퓨터 바이러스는 생물학적 바이러스와 같이 디지털 네트워크 안에서 자가복제하면서 미디어 생태적 삶을 꾸려 나간다.

곤충 미디어

미디어 환경이 기술적·정치적·경제적으로 인간 신체와 상호작용하듯, 곤충을 포함한 생물 또한 주변 환경과 끊임없이 상호작용하면서 감각, 움직임, 기억을 통해 세계를 구성한다. 정동의 강도는 동물, 인간, 미디어 기술 등 다양한 요소에 의해 여러 시간·공간 규모에서 발현되며, 이로 인해 생기는 관계들은 끊임없이 변화하면서 다양한 배치로 외부화한다. 파리카는 19세기의 역사적 사례부터 최근의 군집성과 네트워크 이론 담론에 이르기까지 곤충과 관련된 문화적·기술적 논의를 폭넓게 검토한다.

먼저 후기 모더니티에서 곤충은 인간 신체가 단일체가 아니라 균열과 파편화로 이루어졌음을 감지하는, 새로운 존재 방식에 대한 전환적 사고를 드러내는 데 활용된다. 곤충은 몸을 각기 다른 인격과 존재 단위로 대하는 통념에서 벗어나 인간 주체성을 재정립하고 새로운 주체성을 상상하는 데 중요한 모티프가 된다. 이는 1915년 갑자기 벌레가 된 인간을 묘사한 프란츠 카프카(Franz Kafka)의 단편소설 <변신(Die Verwandlung)>에서 잘 드러난다. 곤충이 인간을 다시 이해하는 전환적 사고를 자극하는 이유는 곤충이 우리가 '인간답다'고 생각하는 특징과 거리가 멀기 때문이다. 이러한 이유로 우리는 곤충을 하찮게 여기면서도 그것에 공포를 느끼는 모순된 태도를 갖는다.

하지만 모리스 마테를링크(Maurice Maeterlinck)의 "곤충은 우리 세계에 속하지 않는다"(Parikka, 2010: 195에서 재인용)라는 말처럼 이질적인 곤충은 다른 동물이나 식물과 달리 세계에 대한 새로운 가능성과 이해의 원천이 되기도 한다. 예컨대 문화 생산물에서 곤충은 20세기 중반 냉전기에는 '차가운 타자'로, SF 장르에서는 외계 생명체로, 현대에는 생물 다양성이나 소프트웨어·유전자 변형에 따른 성적 선택의 다원화와 연결되어 자극적 표현과 함께 묘사된다. 또한 급진적 타자로서 동물과 곤충은 조애나 질린스카(Joanna Zylinska)와 로지 브라이도티 등 페미니스트 이론가들에게 생산적 논의의 원천이 된다.

한편 곤충이 비인간적이고 감정을 결여한다는 인간의 통념은 흥미롭게도 20세기 이후 자본주의와 결합해 본격화된 포드주의 노동 모델, 테일러주의의 통제·규율·위계 구조와의 유사성을 드러낸다. '일개미'라는 한국어 표현이 그러하듯, 1920년 카렐 차페크(Karel Čapek)의 ≪로숨의 유니버설 로봇(R.U.R.: Rossum's Universal Robots)≫에서 묘사된 근대적 노동의 기계화, 1927년 프리츠 랑(Fritz Lang)의 영화 <메트로폴리스(Metropolis)> 속 지하세계는 개미들의 세계를 연상시킨다. 이처럼 곤충은 비인간적 기술 세계에서 환경에 의해 매개된 집단 활동(노동)과 디스토피아적 맥락 속 신체의 동원 방식을 보여 주는 중요한 모티프로 기능했다.

기계와 곤충 간 유비를 문화적 코드로 드러내는 선례들은 기술과 곤충을 연결하는 파리카의 곤충 미디어론이 완전히 처음 등장한 이야기가 아님을 증명한다. 더 나아가 곤충은 20세기 후반 컴퓨터 과학에서 알고리즘과 다중 에이전트 시스템을 중심으로 구축된 네트워크 사회를 이해하는 데 핵심적인 군집 지능 개념으로 거듭난다. 이를 뒷받침하기 위해 파리카는 카를 폰 프리슈(Karl von Frisch)의 꿀벌 집단 의사소통 연구와 그 후속 연구들을 인용하며, 꿀벌의 의사소통이 동종 내에만 국한되는 것이 아니라 감각과 지각을 통해 몸이 환경과 관계 맺는 방식으로 상호 확장된다는 점을 강조한다. 또한 파리카는 질베르 시몽동(Gilbert Simondon)의 개념을 끌어와 꿀벌의 몸이 내부와 외부 환경을 매개한다고 보고, 몸을 매개로 한 벌의 행동이 환경에 따라 시간과 공간을 재구성하는 '되기(becoming)' 활동이라고 주장한다. 즉 꿀벌의 몸과 환경은 서로를 개체화하는 열린 지속적 관계성을 보이며, 군집은 이러한 과정 속에서 무리를 이루었다가 흩어지기를 반복하는 역동적 분산 집단의 패턴을 형성한다.

20세기 말부터 연결의 힘을 주축으로 하는 군집 지능과 탈중앙화한 컴퓨터 소프트웨어, 알고리즘 등은 성능 향상을 위해 곤충의 행동 양식에서 영감을 얻으려 해 왔다. 물론 곤충은 기술 산업 분야에서 실용적 가치를 지닐 뿐 아니라 존재에 대한 이해를 뒤집는 포스트휴먼적 사유에서도 중요한 역할을 한다. 그 일환에서 곤충을 미적·정치적·경제적·기술적 사고의 강도로 다루는 파리카의 시도는 기술과 곤충의 비인간적 근본을 연결하며 '지성'의 재정의를 급진적으로 모색한다. 또한 이는 동시대 디지털 기술과 문화에 내재한 '동물적' 방식을 인식해야 한다는 의제를 동반한다.

그런데 캐서린 헤일스(Katherine Hayles)는 '비사고(unthought)' 개념을 제시하면서 신유물론을 비판한다. 이 비판의 대상에는 파리카의 곤충 미디어론도 포함된다. 헤일스는 파리카가 곤충의 생물학적 인지와 표상적 행동의 복잡성을 생략하고, 들뢰즈적 의미의 기계학적 '되기'만 강조하며 환경에 따라 변화하는 상태만 묘사한다는 점을 문제 삼는다(Hayles, 2017: 65, 71, 74-75). 파리카의 맥락을 바탕으로 이에 한 가지 반론을 제시해 볼 수 있다. 신경이 없는 곤충들이 지속적 흐름 속에서 감각적 조율을 통해 형성하는 군집적·비인간적 네트워크의 잠재력을 고찰하면 신경 유무에 따라 인지와 사고를 구분하는 인지과학적 이분법 자체를 초월할 가능성이 생겨날 수도 있다는 것이다. 그럼에도 생물학적 특성보다 기계적 측면을 강조한 파리카의 곤충 미디어론은 진입 장벽이 낮지는 않은 도전적 관점이다.

비인간적 공동 구성으로서 생태계

사이버네틱스, 특히 자기생성(autopoiesis) 개념을 전면적으로 끌어들인 2차 사이버네틱스 담론은 생명과 기계에 모두 적용될 수 있는 제어와 커뮤니케이션의 공통 구조와 조건을 탐구해 왔다. 파리카가 컴퓨터 바이러스 연구와 곤충 미디어 연구에서 사이버네틱스를 참조한 데서 알 수 있듯 파리카의 주장은 생명과 기계를 구분하지 않는다는 점에서 사이버네틱스와 공통점이 있다. 가령 2차 사이버네틱스를 선도한 노버트 위너(Norbert Wiener)는 첫 발표 논문에서 개미를 다뤘다.

단, 정보의 흐름과 피드백의 방향성에 주력하는 사이버네틱스와 달리, 파리카는 신유물론으로 분류되는 경향의 일환에서 물질성에 초점을 맞추며 물질성을 중심축으로 늘 과정 중에 있는 자연적·문화적·정치적 맥락의 폭넓고 긴밀한 비인간적 작용을 드러내려 한다. 결국 컴퓨터 바이러스와 곤충 미디어에 대한 파리카의 논의는 생명을 지닌 몸체 그리고 기술로 제작되거나 조성된 본체가 탈이분법적인 생태계를 공동 구성하고 있음을 강조한다.

파리카의 관점에서 이러한 공동 구성은 디지털 기술과 문화로 인해 처음 등장한 사건이나 인식이 아니다. 진보적 역사관을 전복하는 파리카에 따르면 표준 기술이나 주류 관점은 대체로 '최신'이나 '첨단'의 진보 이데올로기와 결합해 현재의 것을 과거와 단절된 것으로 여기게 하거나 과거의 것들을 간과하게 할 뿐이다. 이러한 문제의식에서 비롯된 물질에 대한 파리카의 관심은 한편으로는 미디어고고학이라는 방법론으로, 다른 한편으로는 미디어 생태학 삼부작의 마지막 기획인 비인간 광물 중심의 미디어의 지질학으로 이어진다.

참고문헌

Hayles, N. K.(2017). *Unthought: The Power of the Cognitive Nonconscious.* University of Chicago Press. 송은주 옮김(2025). ≪비사고, 인지적 비의식의 힘≫. 커뮤니케이션북스.

Parikka, J.(2010). *Insect Media: An Archaeology of Animals and Technology.* University of Minnesota Press.

Tsing, A. L.(2015). *The Mushroom at the End of the World: On the Possibility of Life in Capitalist Ruins.* Princeton University Press. 노고운 옮김(2023). ≪세계 끝의 버섯: 자본주의의 폐허에서 삶의 가능성에 대하여≫. 현실문화.

02
미디어고고학

미디어고고학은 과거의 잊힌 미디어와 비주류 기술을 발굴하고 현재에 재배치해 미디어 역사의 비선형성과 대안성을 탐구하는 미래지향적 방법론이다. 고정된 정의나 학문적 경계를 거부하며 기술의 물질성과 시간성, 예술적 실천, 유동적 맥락을 중시한다. 이로써 주류 미디어가 조명하지 못했던 또 다른 가능성을 모색한다.

고고학이 아닌 '미디어고고학'

"고고학"이라는 말에서 엿볼 수 있듯, 미디어고고학은 과거 미디어에 매혹되며 그것의 발굴과 재맥락화를 꾀한다. 그러나 미디어고고학은 기존 학문으로서 고고학과는 다르다. 가령 어떤 것을 발굴해 이름을 붙이고, 특정 시점의 것으로 분류하고, 박물관 등지에서 관객의 물리적 접근을 차단한 채로 선보이고, 기존 역사적 아카이브의 일부로 포함하는 것은 미디어고고학이 지향하는 바와 다르다. 아울러 미디어고고학은 스스로에 대한 고정된 정의를 내리지 않고, 분과 학문으로서의 이론적 정립이나 정전화를 꾀하지도 않는다. 그 대신 과거를 통해 현재에 잠재된 가능성을 되살린다. 그 일환에서 미디어고고학자들은 주류가 된 기술에 의해 잊히거나 밀려나 과거형이 된 실패한 기술에 의도적으로 관심을 보인다. 비주류의 혹은 실패한 장치와 실천은 이미 크게 난 길 위에서 예측 가능한 방향으로 전개되며 특정 양상으로 태도를 표준화하는 주류 기술이 조명·부각하지 못하는 다양한 면면을 그려 볼 수 있도록 영감을 준다.

미디어고고학은 소위 '뉴'미디어라고 총칭되는 동시대 기술 미디어 문화가 정말 과거와는 무관한 '새로움'인지에 대해 의문을 제기한다. 또한 현재 주류가 된 뉴미디어 기술을 중심으로 과거를 목적론적 발전 서사로 구성하는 역사관에도 반대한다. 그렇다고 예전의 비주류 장치와 실천을 주류의 자리에 놓으려 시도하지는 않는다. 그 대신 미디어고고학은 '모든 것은 늘 같지 않다', 즉 '한순간도 같을 수 없다'는 기치하에서 유동적으로 움직인다. 미디어고고학에서 과거의 것은 어떤 고정된 맥락으로 남아 있을 수 없고, 현재의 시선에 따라 늘 현재적 의미와 맥락으로 거듭난다. 그리고 과거의 것을 발굴하고 고찰함으로써 현재(최신)의 것이 비주류적 요소들과 평행하게 공존해 왔다는 사실이 드러나며, 그 현재의 것은 과거에서 영감받은 맥락을 다채롭게 부여받는다.

미디어고고학적 시도의 기원은 ≪미디어고고학이란 무엇인가?≫와 ≪미디어고고학≫ 서론에서 상술된다. 그것은 영화, 모더니티, 현재의 역사, 대안 역사와 깊이 연관된다. 먼저 이름의 유래를 살펴보자. 1965년 C. W. 세람(C. W. Ceram)이 ≪영화의 고고학(Archaeology of the Cinema)≫이라는 책 제목에 '고고학'이라는 용어를 도입했고, 1981년 자크 페리오(Jacques Perriault)가 '미디어고고학'을 처음 언급했다고 알려져 있다. 페리오는 스스로를 역사학자로 정의하지 않았는데, 이는 지금의 미디어고고학과 공명하는 유연하고 열린 태도의 바탕이 되었을 수도 있다.

한편 세람은 (비록 선형적 방법론을 추구하기는 했지만) 미디어고고학과 영화학이 무엇을 공유하는지에 대한 단서를 제공한다. 특히 1980년대 전후의 영화학은 주류 영화학적 시선에서 벗어나 초기 영화와 전(前) 영화사를 재고하고 그에 독자적 위상을 부여했다. 이는 영화가 탄생 당시 판타스마고리아(phantasmagoria), 파노라마(panorama), 다게레오타이프(daguerreotype) 등 근대적 광학장치들과 함께 시각 문화의 다양성을 이룬 하나의 흐름이었음을 드러냈다.

모더니티는 영화의 리듬을 품은 채 그 자체로 기술과 사회 그리고 경제적 토대를 이뤘다. 거대한 변화로서 모더니티는 당대 사람들의 삶과 감각, 인식에 근본적 전환을 초래했으며 미디어를 포함한 인간 존재 조건에 대한 수많은 중요한 연구들을 이끌어 냈다. 이들 연구는 사진과 영화, 전화기에서 출발해 디지털 기술과 소비문화, 젠더 감각에 이르기까지 감각의 지형 변화를 폭넓게 조망했다. 또한 모더니티가 단순히 시대 구분을 위한 개념이 아니라 지각의 구조와 인간-기술 관계를 재편하는 역사적 장치로 작동해 왔음을 드러냈다.

현재의 역사는 미디어고고학이 과거의 것을 다루지만 그것을 통해 지금 이 순간을 비추고 있음을 드러낸다. 당연하게도 오래된 미디어는 한때 새로운 미디어(즉 단어 그대로의 의미에서 '뉴'미디어)였다. 현재는 늘 나중에 나온 것들을 새롭다고 여기며 그 이전에 나온 것을 밀어낸다. 이는 문화에서 일종의 패턴으로 반복되어 왔다. 그러나 사실 나중에 나왔다고 해서 늘 새로운 것은 아니다. 후타모는 시대와 지역에 따라 달리 나타나는 문화 요소들이 실은 반복되는 구조 속에서 작용한다고 보고, 이를 토포이(topoi)로 개념화했다. 한편 칠린스키는 미디어 역사에서의 선형적 진보라는 헤게모니를 전복하는 미디어 변종학(variantology)을 제시했다. 이렇게 미디어고고학은 새로움의 '상대성' 그리고 '재귀성'을 강조하는 방식으로 대안적 시간과 미디어의 다양한 감각을 구성한다. 이러한 실천은 이론과 예술 양방향에서 전개되고 있다.

미디어고고학은 과거를 통해 현재와 미래의 가능한 다른 모습을 그리려 한다는 점에서 대안적 역사성을 추구하는 일련의 흐름들과 함께한다. 주류 기술에 가려지거나 사라져 잠재적으로 남아 있는 것들은 미디어고고학적 실천에 의해 대안적 역사의 구성물로 거듭난다. 이러한 실천이 중요한 이유는 대안적 역사로 거듭난 구성물이 현재의 맥락을 부여받으면서 우리로 하여금 이미 나 있는 길에서 벗어날 수 있게 하는 단서가 되어 주고, 우리를 주류 기술이 채택되지 않았을 때 일어날 수도 있었을 평행현실로 인도하기 때문이다. 이는 1980~1990년대 이후 '뉴미디어'로 총칭되고 있는 디지털 기술에서 두드러지는 새로움에 대한 열망을 재고하게 한다. 미디어고고학은 디지털 기술의 진보 서사에 부합하는 혁신의 미디어 담론에 반대하며 예술·과학·기술의 경계를 넘나들거나 변이하는 사례를 탐구하는 기획이다.

시간성과 대안 역사

미디어고고학에서 초자연적인 듯하거나 불가사의함·초감각성을 지향하는 상상적 미디어, 소음을 내고 간섭하고 차단하는 (비)통신 미디어의 과거 사례는 그저 기이하고 희한해 보이는 것에 그치지 않는다. 이 실패하거나 소외된, 심지어 애초에 실현될 수 없었던 불가능한 과학적·예술적 시도들은 여러 갈래의 가능성들을 열어 보인다. 미디어고고학적 예술가들은 이러한 가능성을 의도해 과거의 비주류적 사례들을 모티프로 삼거나, 과거를 현재 이곳으로 가져오는 상상을 펼친다. 파리카가 주목하는 미디어고고학적 예술가로는 폴 드마리니스(Paul DeMarinis), 조이 벨로

프(Zoe Beloff), 게브하르트 젱뮐러(Gebhard Sengmüller), 쥘리앵 메르(Julien Maire) 등이 있으며, 이 목록은 더 늘어날 수 있다.

이론적 실천 차원에서 미디어고고학은 고고학을 존재의 조건으로 삼은 푸코의 '지식과 문화의 고고학' 개념과 기술 미디어를 푸코식으로 들여다본 키틀러를 포함한 독일 미디어 이론으로부터 직접적으로 영감을 받았다. 물론 이는 미디어고고학과 접점을 이루는 사상들 중 일부에 불과하지만[발터 벤야민(Walter Benjamin), 아비 바르부르크(Aby Warburg) 등을 포함해 다양한 전(前) 미디어고고학적 사상가들을 찾아볼 수 있다], 그 둘이 주류 미디어 역사에 대항해 동시대 디지털 기술로 구축된 문화적 상황을 대안적으로 이해하는 데 바탕이 된 것이 사실이다. 하지만 파리카는 이들 사상을 있는 그대로의 개념적 기틀로 보전하기보다는 현재 그것들과 연계될 수 있는 문제의식을 확장해 나가는 일을 더 중요하게 여긴다. 가령 푸코의 고고학을 은유적으로 사용하기보다는 문화의 실재하는 물질성에 더욱 집중해 밀어붙이는 방식으로 전개하며, 모든 상황을 미디어의 부차적 효과로 환원하는 키틀러의 관점에 의문을 제기하면서 미디어 유물론과 젠더·정동·정치의 불가분성을 인정하고 확장한다.

여기서 중요한 점은 미디어고고학이 미디어에서 연상되는 구체적인 하드웨어 장치와 유물론에 기반한 문화의 이해에 그치지 않는다는 것이다. 미디어고고학에서 하드웨어와 그 문화는 동시대적 시간성을 발현하는 속성의 근원으로서 시간 결정성과 미시적 시간성 그리고 과거와 현재가 중첩하는 다중적 시간성을 구동하고 드러낸다. 동시대적 시간성에 대한 파리카의 이러한 주장은 동료 학자 에른스트의 주장을 차용한 것이다. 여기서 시간 결정성이란 시간이 동시대 연산 기계에 내장되어 있고 기계가 자체적으로 생성하는 고유한 작용임을 의미한다. 한편 미시적 시간성은 기계가 구현하는 시간이 인간의 감각 체계가 지각하기 어려운 임계치 이하의 빠른 속도를 특징으로 한다는 점을 시사한다. 이는 기존 역사적 시간성과는 다른 층위의 시간 개념을 요구하며, 심지어 기계의 고유한 시간성을 기존 '역사'에 포섭할 수 없다는 주장으로 이어진다.

그동안 인간의 역사가 서사에 기반을 두었던 반면, 기계가 가동하는 시간은 수학적 연산을 본질로 한다. 미디어고고학이 동시대의 역사를 다른 방식으로 파악해야 한다고 주장하는 이유가 여기 있다. 동시대 미디어로 생성되는 지금의 시간은 더 이상 서사와 의미에 기반한 담론으로서 역사가 아니라 과거와 현재를 다룰 때 역사의 비담론적 요소에 주목하는 전례 없는 (탈)역사적 관점에서 이해되어야 한다.

미디어고고학의 초학제적 확장

미디어고고학은 분과 학문을 횡단하는 탈경계적 방법론이다. 이 개념·사상·담론은 일시적으로 그리고 끊임없이 교차하고 만나고 (재)배치된다. 미디어고고학이 지금 시대에 필요한 이유는 현시대 유동하는 상황들에 맞는 유동적 개념이 요구되기 때문이다. 파리카에 따르면 미디어고고학이 어떠한 학제로 정립되지 않고 어떤 논의든 가능한 진입구로서 스스로를 열어 놓는 것은, 그것이 적용될 수 있는 범위가 단순히 미디어라는 장치와 특정한 문화적 사건이 아니라 세계 전체이기 때문이다.

디지털 문화에 이르러 박물관에서 사무실까지 각지에서 분류하고 관리하는 정보·물품 체계가 핵심이 되었다. 이제 세계는 그 자체로 아카이브와 데이터베이스가 되었다. 따라서 미디어고고학은 미디어 연구나 영화학 같은 특정 학문에 국한되지 않는다. 파리카는 미디어고고학을 학문의 영역 밖으로 나아가 미디어 기술 문화와 연관된 전 지구적 문제를 바라볼 수 있는 유용한 실천 방안으로 제안한다. 지금은 구식이 된 냉전 시대의 기술, 여러 광활한 곳에 버려져 사람들의 이목을 끌지 않는 전자폐기물과 광미(鑛尾), 재활용과 회로 조작 등으로 기술 문화의 전복을 꾀하는 동시대 예술의 실천들이 그 사례다.

미디어 기술과 문화는 최신이었다가 금방 구식이 되고, 잊히고 버려지면서 혹은 외부의 조작에 의해 효과를 발휘하는 방식이 변화한다. 이에 따라 미디어고고학도 변화한다. 원래 미디어고고학이 강조하려 한 바도 개념이 시간을 두고 계속해서 변화한다는 것이었다.

요컨대 미디어고고학은 물질과 시간의 얽힘을 탐구하는 방법론이다. 물질에 대한 다른 관점을 유발하면서 과거-현재-미래의 순서를 벗어나 물질과 얽힌 시간으로부터 낯설고 급진적인 다양성을 발견하도록 이끈다. 미디어고고학은 과거를 지향하며 잊힌 무언가를 발굴하는 것이 아니라 우리의 기술적 기반을 깊이 이해하기 위한, 동시대성을 띤 방법론이다. 이는 우리가 지금까지 경험한 적 없었던 미래의 아카이브를 구축하는 일이기도 하다.

참고문헌

Huhtamo, E. & Parikka, J.(eds.)(2011). *Media Archaeology*. University of California Press.

Parikka, J.(2012). *What is Media Archaeology?*. Polity. 미디어고고학 세미나팀(2025). ≪미디어고고학이란 무엇인가?≫. 현실문화.

03
미디어 지질학과 심원한 시간

지질학은 생명, 인간 활동, 기후, 정치, 경제와 얽혀 있다. 파리카는 미디어의 물질적 기반인 지층과 광물을 통해 미디어 기술의 심원한 시간성과 물질성을 조명한다. 스마트폰, 인공지능 등 최신 기술도 지구의 오래된 광물에 의존한다. 파리카의 미디어 지질학은 기술 문화에서 비인간 행위성을 강조하고 인간중심주의를 전복하려는 관점으로 이어진다.

지층 위의 미디어와 지층 아래의 미디어

지질학은 토양·지각·지층을 체계적으로 연구하는 학문이지만, 그에 한정되지만은 않는다. 땅을 기반으로 살아가는 생물의 삶, 인간의 활동으로 인한 기후 변화, 정치, 경제와 여러 층위로 얽혀 있다. 파리카가 지질학 개념을 사용하는 것은 마치 인류세가 범용적 의미로 쓰이듯 기본적으로 하나로 국한해 논할 수 없는 총체적 작용을 보여 주기 위함이다. 미디어 지질학 개념은 분과적 전통을 따르는 자연과학의 지질학과 다르다. 미디어 지질학이 논하는 'ground'는 우리 사고와 도덕의 '기반'이자 우리의 생존을 지탱하는 '지반'이다.

≪미디어의 지질학≫에서의 지질학은 지층과 지질 물질들이 인간들 사이의 도덕·문화 그리고 우리의 사고·감각·지각·체화와 얽히는 거대한 변화를 다루는 이야기다. 이는 찰스 라이엘(Charles Lyell)이 ≪지질학의 원리(Principles of Geology)≫에서 "지질학은 자연의 유기물계(界)와 무기물계에서 일어난 연속적 변화를 연구하는 과학으로, 변인과 그것이 지표면 및 외부 구조의 변형에 미친 영향을 조사한다"(Lyell, 1830)고 규정한 이래 분업화한 분과 학문, 쉽게 말해 지질학에서 그때부터 이어진 자연과학과 인문

과학 각각의 역할을 재통합한다는 학문적 취지를 지닌다.

이렇게 파리카가 통합적 개념으로서 지질학을 미디어 연구에 끌어들인 이유는 미디어와 미디어 문화를 가능하게 한 실질적 토대가 바로 '땅'임을 일깨우기 위해서다. 오늘날 비물질적인 것으로 보이는 미디어는 사실 지층 속에 오랜 시간 존재해 온, 실체가 있는 광물에서 비롯되었다. 다시 말해 스마트폰이나 태블릿PC 같은 디지털 모바일 기기, 전기자동차 그리고 최근의 인공지능 기술에 이르기까지 동시대 미디어 기술과 문화는 아주 오래전에 형성되었고 존재해 온 지하의 광물 자원에 기반한다.

이러한 사실은 신자유주의와 후기 자본주의에서 기술이 끊임없이 쇄신되어야 한다는 압력, 기술이 물질적 제약을 극복하고 점점 더 자유로워지는 방향성과는 대조적인 듯하다. 예를 들어 전화는 유선에서 무선으로, 인터넷 접속은 유선에서 무선 와이파이(WiFi)로, 데이터 전송과 연결은 포트와 케이블에서 블루투스와 같은 무선 방식으로, 충전 역시 유선 케이블에서 치(Qi) 표준의 무선 충전 방식으로 변화하고 있다. 더 빠른 충전과 더 오랜 바깥 활동을 가능하게 하는 모바일 배터리 기술의 발전도 이러한 흐름에 부합한다. 무선 주파수 식별(Radio Frequency Identification, RFID) 기술에 기반한 근거리 무선 통신

(Near Field Communication, NFC)의 대표적 사례인 콘택트리스 카드와 RFID 기술을 활용하는 교통카드도 '물질성으로부터의 탈피'라는 세간의 인식에 영향을 미치고 있다. 하지만 디지털 모바일 기술의 핵심은 규소, 리튬, 콜탄, 백금류 등 금속과 광물류를 원재료로 한 부품들이며, 이 부품들로 구성된 기기들을 제조하고 사용하는 과정은 주 에너지원으로서 화석연료에 크게 의존한다. 결국 동시대의 미디어 기술과 문화는 소비자 입장에서는 실감하기 어렵더라도 지극히 물질적이며, 이 모든 것을 지층이 떠받치고 있다.

미디어 이전의 미디어

21세기에 들어서면서 동시대 미디어 연구에서는 하드웨어 이론, 소프트웨어 이론이 더욱 뚜렷한 흐름으로 드러났고, 더 넓게는 뉴미디어 이론에서 과거와 다르거나 강화된 측면들을 조명하려는 시도가 활발히 이루어졌다. 이러한 연구의 성과는 미디어를 우리 세계를 구성하는 비인간 행위자이자 인프라 환경으로 다룸으로써 동시대 인간 조건으로서 현재 상황을 이해하는 데 도움을 주었다는 점이다.

그러나 이러한 접근은 미디어가 형태를 갖추고 기능적으로 완성된 최종 단계, 즉 소비자인 우리가 접하는 완제품 상태에 국한되며, 이로 인해 뉴미디어 기술이 땅속에서 유래했다는 사실은 크게 조명되지 못했다. 이러한 한계를 직시하고 보완하기 위해 미디어의 지질학 개념이 제시되었다.

미디어가 미디어가 되기 이전의 상태, 즉 미디어가 지구 금속, 광물, 화석연료 등의 물질이었을 때에 주목하는 미디어의 지질학은 현재의 찬란한 첨단 기술을 과거와 구분된 특별한 것으로 대하는 관념 또한 전복한다. 우리가 사용하는 기기 자체는 최신 기술과 공법으로 새로운 부품을 사용해 조립한 것이 맞지만, 그 부품의 원자재는 아주 오래전에 지구에서 생성되고 지층에 묻혀 있었다. 즉 동시대 기술에 기반한 우리 삶과 문화에는 다중적 시간성이 존재한다. 그중 하나는 디지털 기기들이 자체적으로 발생시키는 미시적 시간이며, 다른 하나는 그 시간이 존재할 수 있게 하는 지질 자원의 심원한 시간이다. 우리가 주목하지 못했던 지질 자원을 전면에 내세우는 미디어의 지질학은 지금의 미디어 기술과 문화를 떠받치는 심원한 시간 개념을 이야기한다.

심원한 시간은 18세기 말 제임스 허턴(James Hutton)이 지질층에서 퇴적·융기·침식이 반복되는 전 지구적 변화가 인간의 시간 감각을 초월하는 매우 오랜 기간에 걸쳐 느리게 이루어졌다고 주장하며 처음 제시한 개념이다. 이후 라이엘이 동일과정설(uniformitarianism)을 체계화해 심원한 시간 개념을 더욱 확고히 했으며, 이로써 인간의 역사적 시간 범위를 뛰어넘는 지질학적 시간에 대한 인식이 정립되었다. 과학 분야에서도 성서(聖書)적 시간이 심원한 시간으로 대체되었다.

허턴과 라이엘의 동일과정설은 오늘날 관찰되는 것과 같은 지질학적 변화 과정이 오랜 시간에 걸쳐 일관되게 이루어져 왔다는 전제에 기반한다. 이로써 지구는 인간의 역사와는 별개의 존재, 보편적 자연법칙에 따라 변화해 온 외부적 존재로 인식되었다. 이는 지구의 심원한 시간이 인간의 역사적 시간을 초월한 것이라는 의미로도 읽을 수 있다. 이러한 관점은 인간과 비인간 동물의 삶, 문명, 기술 문화 모두가 지구의 깊은 시간 위에 구축되어 있다는 인식을 가능하게 했다. 하지만 모든 지질학적 변화가 항상 일관적·주기적으로 일어난다는 견해는 이후 격변설 등 다양한 반론을 촉발했다. 대표적으로 지질학사가 스티븐 제이 굴드(Stephen Jay Gould)는 심원한 시간 개념을 이어받았지만 지질이 장기간 평형 상태를 유지하다가 급작스러운 단절점을 발생시키는 변화가 일어난다는 단속평형설로 동일

과정설에 반대했다.

미디어학자 지크프리트 칠린스키는 미디어와 심원한 시간을 연결한다. 즉 굴드의 단속평형설을 채택해 미디어의 심원한 시간을 재구성한다. 칠린스키에 따르면 미디어가 긴 시간을 거쳐 동시대의 형식을 띠게 된 것은 허턴이나 라이엘의 주장처럼 선형적이고 점진적인 동일과정의 결과가 아니다. 굴드가 주장하듯 지질학적 층위에서 화석 등으로 드러나는 종의 분화와 변이는 특정 시점에 급격하게 일어난 변화에 가깝다. 마찬가지로 미디어의 역사 역시 괴짜에 가까운 발명가들의 욕망이 만들어 낸 급작스럽고, 기이하며, 채택되지 못하고 잊힌 과학-예술적 사례들로 이루어진 단속평형적 심원한 시간이라는 것이 칠린스키의 주장이다. 이러한 과학-예술적 사례들은 보고 듣는 경험을 변조하며, 그것들을 미디어라고 부르기 이전 시대까지 거슬러 올라간다. 이종적이고 주류에서 벗어난 변조의 시도들을 통해 미디어의 심원한 시간을 다루는 칠린스키의 방법은 그래서 변종학이라고 불린다.

파리카는 심원한 시간과 미디어를 연결한 칠린스키의 시도에 동의하고 심원한 시간 개념을 취하면서 그 개념이 불거졌던 지질학적 맥락을 강화한다. 칠린스키의 단속평형이 과학-예술적 사례에 집중했다면, 파리카는 미디어 기술의 목적론적 진보라는 신화를 부수고 여러 지층을 교차하며 여러 (서로 다르지만 긴) 시간이 담긴 물질들의 특징을 더욱 부각한다. 파리카가 이야기하는 미디어의 심원한 시간은 미디어를 구성하는 물질의 중요성을 부각하며 그것이 원래 위치했던 지층, 즉 심원한 공간에 대한 성찰로 이어진다.

사유의 지질학

미디어의 지질학을 정초하고 지질 물질들의 심원한 시간을 밝히려는 파리카의 시도는 기술, 특히 동시대 디지털 기술에 대한 사유의 전환을 꾀한다. 이는 단순히 환경 정책에서 어떤 기술이 전 지구적 변화를 막을 수 있을지(지구공학), 어떤 제도나 법안이 현재 상황을 개선할 수 있을지 검토하는 데 머무르지 않는다. 파리카는 땅 아래에서 모바일 기기들과 모든 동시대 기술 기반 활동의 존재론적 근원을 찾는다. 이로써 '인간'만의 영역으로 간주되는 기술 문화의 중심에 비인간 행위성이 있음을 강조한다. 이는 인간이 여러 면에서 중심이 아닐 수도 있음을 뜻한다. 인간은 여러 지층들을 구성하는 수많은 행위자 중 하나다. 단, 땅을 천

공하는 특수한 유형의 활동을 펼치고, 물질을 지면 위로 끌어올리고, 현재 형성되는 지층에 전자폐기물을 포함한 각종 쓰레기를 포함시키는 특이성을 띤 행위자일 뿐이다. 미래의 이크티오사우루스 교수가 인간이 만들어 놓은 화석으로 인간이 무엇이었는지에 대해 강의를 펼치는 장면을 묘사한 19세기 중반 헨리 드 라 베슈(Henry De la Beche)의 일러스트처럼, 현재 우리의 행위는 인간의 멸종 이후에 미래 존재들에 의해 사변될 것이다. 심원한 시간은 현재 미디어 기술의 바탕인 과거뿐 아니라 현재 기술이 우리의 시간을 넘어 생성할 미래도 아우른다. 우리의 활동은 지금 지질층에 기록되고 있다.

하지만 이는 현 상황을 거리를 두고 이해하는 데 머물러서는 안 된다는 것을 의미하기도 한다. 우리는 어떻게 지하에서 물질을 파내고 자원화하며, 어떻게 그 물질을 전 지구적 물류로 이동하며, 그 결과 어떻게 다시 지구를 재구성하고 있는가? 이 문제를 심도 있게 이해하려면 실제로 땅 아래를 발굴하며 장치 안에 무엇이 들어있는지 들추어야 한다. 즉 미디어고고학적 실천을 해야 한다. 이러한 실천을 통해야만 지층은 우리의 막연한 생각처럼 차곡차곡 균일하게 쌓인 것이 아니라 다중적 리듬이 중첩된 것, 단절점과 급작스럽게 불거진 특이점을 지닌 것임을 드러낼 수 있다.

파리카가 미디어 지질학과 미디어고고학의 직접적 접점을 명시적으로 의도하지는 않지만, 두 접근법 모두 땅 아래에서 미디어의 물질성과 나아가 시간성이라는 특이점을 찾아내는 인문학적 탐구라는 점에서 일관된다. 또한 이러한 탐구는 우리가 발 딛고 살아가는 영토와 지구에서 사유 과정에 존재 조건을 부여하는 사건을 말하는 들뢰즈와 가타리의 '사유의 지질학' 개념에서 출발해, 사유라는 사건이 물질적 과정에 내재한다는 방향으로 한 발짝 더 나아간다. 미디어고고학적 맥락에서의 시간성과 들뢰즈와 가타리의 지구철학 등 형이상학적이면서 유물론적인 사상적 저류들이 모인 파리카의 ≪미디어의 지질학≫은 우리 세계의 안팎을 겹치는 습곡(fold) 작용과 동시대 미디어 문화에서의 시간성을 엮어 존재들의 지도를 그린다.

참고문헌

Lyell, C.(1830). *Principles of Geology*. John Murray. http://www.esp.org/books/lyell/principles/facsimile/

Parikka, J.(2015). *A Geology of Media*. University of Minnesota Press. 심효원 옮김(2025). ≪미디어의 지질학≫. 현실문화.

04
미디어자연

미디어자연은 도나 해러웨이의 '자연문화' 개념에서 차용한 용어로, 주로 지구의 광물과 지질에 초점을 맞춘다. 파리카는 첨단 디지털 기술의 이면에 있는 물질적 조건들을 직시하며, 탈물질화한 것처럼 보이는 기술이 실제로는 지구의 금속과 광물에 의존함을 밝힌다. 이는 미디어, 자연, 문화의 필연적 얽힘을 드러내며 인간 중심 역사관을 넘어서는 폭넓은 미디어 역사를 제안한다.

'미디어와 자연은 분리된 것이 아니다'

파리카의 '미디어자연' 개념은 인간의 기술을 자연과 단절된 것으로 간주하던 통념을 전복한다. 파리카는 미디어를 구성하는 물질성, 그것이 작동하는 상황, 인간과 비인간 존재들의 상호작용에 주목하면서 자연과 기술, 인간과 비인간의 이분법적 구분을 해체하고자 한다. 여기서 미디어자연은 은유가 아니다. 이는 미디어가 지질학적 추출의 산물이자 생태계에 속하며, 우리의 문화적 생태를 구성하는 기술적 근간임을 드러내는 급진적 주장이다. 이로써 미디어는 자연의 산물이자 인간의 인식과 행위를 매개하는 기술로, 더 이상 인간중심적 역사의 범주에 갇힐 수 없는, 그 자체로 환경인 전 지구적 규모의 복합적 행위자로 재구성된다.

미디어자연은 '미디어'와 '자연'의 합성어로, 도나 해러웨이(Donna Haraway)의 자연문화(naturecultures) 개념을 변용한 것이다(Haraway, 1991: 11). 자연문화는 수십 년에 걸친 해러웨이의 사상적 실천의 기저에 깔린 개념으로, 학문 분야에서 오랫동안 이분법적으로 이해되었던 자연과 문화가 근본적으로 분리 불가능하다는 의미를 담고 있다. 자연문화 개념은 영장류 문화 연구를 포함해 다양한 분야에서 문화와 자연의 상호적 얽힘과 인간-비인간 관계성을 살피는 데 사용되고 있으며, 그중에서도 파리카의 미디어 자연은 지질과 광물에 초점을 맞춘다.

파리카가 지질과 광물에 주력하는 것은 기업들의 홍보와 광고로 이상화하는 첨단 디지털 기술의 실질적 조건들을 직시하기 위함이다. 그런데 외견상 탈물질화나 무형을 추구하는 기술의 지지체가 되는 무생물들을 분석한다고 해서 영장류를 연구하는 자연문화 담론과 완전히 다른 노선을 취했다고는 말할 수는 없다. 자연문화에서 '문화'를 '미디어'로 바꾸기는 했지만, 미디어를 매개로 이루어지는 동시대 문화와 자연의 필연적 얽힘을 드러내기 때문이다. 다시 말해 파리카의 미디어자연 개념은 지구의 금속과 광물에 의존하는 동시대 미디어 문화를 논한다는 점에서 '미디어'와 '자연' 사이에 '문화'의 의미를 내포한다고 할 수 있다.

행위자-연결망 이론이 물질의 작용과 관계를 가능하게 하는 네트워크에 초점을 맞춘다면, 미디어자연 논의는 전 지구의 위·아래 안팎을 기반으로 작용하는 물질적·생태적 '순환'에 더욱 주목하며, 이를 통해 전 지구적 물질 기반의 조건들을 다층적으로 드러내려 한다. 그리고 여기서 생태란 전 지구적 미디어 문화와 이를 지탱하는 환경 둘 다를 의미한다. 미디어자연 논의는 이 생태를 다룸으로써 인간

중심 척도를 뛰어넘는 미디어 관련 물질과 지질 환경을 기반 삼는 관련 행위자, 행위의 순환성을 전면화한다.

광물과 시간의 깊이

지구 금속·광물과 관련한 순환성을 다음 세 가지 맥락으로 나누어 파악할 수 있다.

첫째는 지구 물질의 시간적 순환성이다. 파리카에 따르면 미디어 역사의 범위에는 광물과 화석연료가 생성되는 심원한 시간, 근대에서 현재까지(화석연료의 본격적 사용과 동시대 디지털 문화에서의 광물 채취) 그리고 인류가 지구상에 없을 수도 있는 먼 미래까지 미치는 폐기된 전자 쓰레기의 긴 영향의 거대한 순환이 포함된다.

둘째는 물질의 공간적 순환성이다. 지질 물질은 원래 자리인 지층을 벗어나 인간 문화에 들어오고 미래에 화석이 될 현재의 지표면 위에 폐기되는 전 과정에 걸쳐 물리적 무게와 부피를 달리하고 여러 형태로 모습을 바꿀 뿐이다. 이러한 순환을 살피는 것은 용도가 다한 물질적 상태를 강조하는 데 특히 적합한데, 그러한 물질이 버려진 이후에 우리의 터전으로 돌아온다는 점에서 그렇다. 즉 원광이 고갈되기까지 채굴되는 물질의 총량만큼 가공되고 폐기된 물질은 증가한다. 우리 곁에 잠깐 머물렀다가 떠나는 전자제품들이 지구상에서 사라지는 물리적 종료 시점은 없다.

셋째는 물질문화와 기술에서의 순환성이다. 시간의 순환성과 공간의 순환성이 미디어 물질과 문화를 둘러싼 현상을 가리킨다면, 물질문화의 순환성은 이들 현상의 이론적 결론이다. 광물과 그것과 엮인 전 지구적 변화를 인간의 척도를 넘어서는 시간과 공간의 범위로 살피면, 더 이상 디지털 문화를 글로벌 기업들이 내세우는 '새로움'으로 볼 수 없게 된다. 최신 디지털 기기에 전례 없이 획기적인 기술이 적용됐다고 해도, 그 기기는 심원한 시간이 내재된 광물에 기반할 수밖에 없다는 점에서 연속성을 띠기 때문이다. 파리카에게 근대의 기계 기술과 동시대의 디지털(전기) 기술은 불가분하다. 화석연료 사용을 중심으로 파악했을 때 더욱 그렇다. 근내의 석탄 중심 기술이 현재의 석유 중심 기술로 이행했을 뿐, "자본주의가 광합성의 심원한 시간과 화학적 프로세스"(Parikka, 2025: 56-57)와 결합한 석탄 중심 문화는 석유 중심으로 모습만 바꾸어 계속 이어지는 중이다.

모습과 양상은 바뀌었지만 과거에서부터 이어져 온 물질문화 기술의 연속성이라는 파리카의 관점은 루이스 멈퍼드(Lewis Mumford)의 역사적 구분법에 영향을 받았다. 멈퍼드는 기술에 동원되는 주요 자연 자원과 제도로 인류 문명을 이해하고, 기술을 10~18세기의 원기술(eotechnics), 산업 시대의 폭력적인 구기술(paleotechnics) 그리고 신기술(neotechnics)로 나누었다. 먼저 원기술은 유리와 나무를 주요 자원으로 삼았고 풍력·수력으로 에너지를 발생시켰다. 그 뒤를 잇는 구기술은 18세기 중반 산업혁명을 기점으로 화석연료를 절대적 에너지원으로 삼았고, 이로써 석탄-철 복합체와 자본주의 체제가 결합했다. 구기술이 출현한 이래 가치가 측정되는 "화폐, 가격, 자본, 주식"(Mumford, 2013: 249)은 실재하는 것으로, 환경은 추상적인 것으로 여겨졌기 때문에 환경이 본격적으로 파괴되었다. 멈퍼드는 구기술의 시대를 혼란스럽고 난폭한 시대로 특징짓는다. 한편 20세기 초의 신기술은 전기를 사용하고 구리와 알루미늄뿐 아니라 탄탈룸, 니켈 등의 희토류를 다양하게 동원하기 시작했다. 멈퍼드는 이 세 기술의 시대가 명확하게 단절된다기보다는 "서로 덧씌워지고 상호 침투"(Mumford, 2013: 172)한다고 본다. 이는 다음 시대를 추동하는 기술의 사전 성장 과정과 전후 시대가 겹쳐지는 현상을 의미한다.

그러나 파리카의 관점에서 시대 간 상호 침투는 시대의

끝과 시작이 일시적으로 중첩되는 것 그 이상이다. 파리카는 구기술(석탄기) 시대가 종결되지 않았다고 본다. 이는 동시대로 이어지는 신기술 시대 역시 채굴·채취 중심의 산업 구조와 자연 물질 동원에 의존하는 기술과 제도를 유지한다는 맥락에서 타당하다. 즉각적인 가치 환산을 추구하는 "경제적 질서는 그 시작부터 느리게 축적되는 자원인 석탄·석유·가스 에너지원에 기대고 있다"(Parikka, 2025: 56)는 점에서 18세기 시작점부터 지금까지 본질적으로 같다. 단지 유가의 지질 물질들이 다각화하고 그 획득을 위한 채굴과 시추 기법이 한층 정교해졌다는 점이 다를 뿐이다. 이 기법은 지질 자원의 유한한 양 때문에 더 깊은 땅속, 더욱 척박한 환경, 더 먼 곳에서 행해지는 지구공학(geoengineering) 프로젝트, 심지어 실리콘 밸리에서 이루어지는 일련의 뉴스페이스(New Space) 프로젝트처럼 비(非)지구 행성을 개간하려는 테라포밍(terraforming)으로 실행된다.

채굴 문화 비판

첨단 미디어 기술 문화를 컴퓨터·전압 등의 기술과 공학 대신 그 지지체인 알루미늄과 각종 희토류 물질들로 구성된 것으로 본다면, 그 문화에서의 '새로움'은 전복된다. 지질 요소에 내재한 심원한 시간이 미디어 기기에 담겨 있으며, 그 문화가 최소한 18세기 산업혁명 이래로 채굴 문화의 연장이어 왔기 때문이다. 이는 동시대 미디어 기술을 총칭하는 용어로서 '뉴'미디어가 새롭지 않다는 입장으로 이어진다. 이 입장은 새로운 시대로서 디지털 유토피아에 대한 비전을 제시한 리처드 바브룩(Richard Barbrook)과 앤디 캐머런(Andy Cameron)의 "캘리포니아 이데올로기(The Californian ideology)" 등에서 제시되는 혁신 기술적 이데올로기와 대척점에 있다.

이렇듯 파리카의 미디어자연은 동시대적 상황, 특히 인류세 담론과 관련된 환경 파괴와 고갈·착취를 강조하는 한편, 미디어의 원물질 차원에서 인류가 존재하지 않았던 심원한 시간의 과거로 되돌아가고, 미디어 문화 차원에서는 채굴 문화의 시작인 18세기의 역사를 비판한다. 이렇게 최대 범위로 확장된 미디어의 역사를 근거로 디지털 미디어, 뉴미디어 등으로 총칭되는 현재의 미디어 문화가 우리가 딛고 있는 지상, 지저, 넓게는 지구 전체와 상호 연결되어 있음을 드러낼 수 있다.

정리하자면 파리카는 미디어자연이라는 개념으로 지구

와 지반을 미디어의 지지체로 맥락화하고, 아주 오래전부터 존재해 온 원미디어로서 금속·광물류에 주목한다. 이처럼 미디어가 미디어가 되기 전의 광물 상태부터 살펴봄으로써 미디어와 자연이 각기 다른 관계와 양상으로 첨예하게 뒤얽힌 양상을 들여다볼 수 있다. 아울러 우리가 향유하는 미디어 문화에 덧씌워진 가볍고 자유로운 이미지 이면에 감춰진, 지표면과 그 아래 존재하며 무게와 부피를 지닌, 시간과 공간을 점유하는 물질의 실체를 밝힐 수 있다.

파리카의 논의는 미디어 이론의 한 계열로서 학술 영역에서 이루어지기도 하지만, 철저히 현실적인 현안을 다루기도 한다. 광물의 문제적 현실들은 그동안 언론의 경고성 보도로, 환경 단체의 위험을 무릅쓴 캠페인으로, 환경 활동가들이 제작한 다큐멘터리 등으로 폭로되어 왔다. 파리카의 미디어자연 개념은 현상 진단과 문제의식 면에서 그러한 보도나 영상과 상당 부분 맞닿아 있다. 또한 원미디어로서 금속·광물류에 중점을 둔다는 것이 오로지 그 원광 상태만을 비추겠다는 의미는 아니다. 미디어 기기를 원광 상태에서부터 파악하는 것은 그 사이의 여러 물질적 단계를 포함하는 거시적 이해를 수반한다. 즉 유가의 희토류에서 가공된 원료, 반도체, 배터리, 액정 디스플레이, 전선 등의 부품을 거쳐 쓸모없는 전자폐기물까지 이르는 순환을 이해하려 한다.

미디어가 자연이고 자연이 미디어인 미디어자연에서 채굴, 제작, 사용, 폐기의 순환은 점점 가속화할 수밖에 없다. 이에 주목하는 것은 근대 산업혁명 이후로 본격화된 문화, 즉 자연에 자원의 의미를 덧씌우는 미디어 문화에 대한 비판으로 이어진다. 파리카의 시도는 그러한 취지에서 디지털 기기의 물질성을 강조하고, 물질과 얽힌 사회·문화·정치적 상황을 살피고, 시시때때로 쇄신되는 기술이 조장하는 디지털 기기의 '새로움'이라는 이미지를 전복한다. 시간적 차원에서는 현재 미디어 문화에 겹쳐진 아주 오래된 역사와 아주 먼 미래를 동시에 조망하는 계기로 작용할 수 있다.

요컨대 파리카의 미디어자연 개념은 기술이 더 이상 인간 한정으로 이해될 수 없음을 시사하며, 기술을 가능하게 하는 물질·환경·시간의 흐름을 통합적으로 고려한다. 또한 이 복합적 조건들을 상호 연관된 얽힘과 순환으로 파악함으로써 기술-자연-문화의 관계를 재구성하려는 윤리적·존재론적·정치적 맥락까지 함의한다. 이는 생태위기의 시대에 기술과 미디어가 어떤 역할을 해야 하는지 묻는 작업이다.

참고문헌

Haraway, D.(1991). *Simians, Cyborgs, and Women: The Reinvention of Nature*. Routledge.

Mumford, L.(1934). *Technics and Civilization*. Routledge & Kegan Paul. 문종만 옮김(2013). ≪기술과 문명≫. 책세상.

Parikka, J.(2015). *A Geology of Media*. University of Minnesota Press. 심효원 옮김(2025). ≪미디어의 지질학≫. 현실문화.

05

인류세와 인류외설

인류세는 초학제적 접근을 요하는 지구 시스템의 전체적 변화를 일컫는다. 파리카의 인류외설은 인류세의 철자를 살짝 비틀어 자본주의적 자연 착취, 화석연료 의존성, 기술 이면의 물질적 기반을 언어적 전략으로 폭로하며, 인류세의 어두운 이면을 조명한다.

인류세

인류세(Anthropocene)는 인간의 활동이 생태계, 대기, 토양 등을 포함한 지구의 환경에 영향을 미쳐 대규모 변화를 일으킨 현재 상황을 일컫는다. 이 개념은 2000년 네덜란드의 대기화학자 파울 크뤼천(Paul Crutzen)이 미국 생물학자 유진 스토머(Eugene Stoermer)의 말을 정식화한 직후 학계, 예술계, 교육·공공 영역에서 큰 반향을 일으켰다.

인류세는 '인간(Anthropo-)'과 '시대(-cene)'의 조합에서도 알 수 있듯 처음에는 현재를 새로운 지질시대(geological epoch), 즉 신생대의 하위 범주 중에서 약 1만 2000년 전에 시작된 홀로세를 잇는 새로운 시대로 구분하려 했다. 실제로 인류세 담론이 널리 확산하면서 2016년 인류세연구집단(Anthropocene Working Group, AWG)이 결성되었고, 새로운 지질시대의 채택 여부가 투표에 부쳐졌으며, 관련 연구 단체는 근거 연구를 펼치며 증거 자료를 확보했다. 투표 결과에서 나타났듯 많은 동의와 긍정적 기대가 있었지만, 2024년 국제지층위원회(International Commission of Stratigraphy, ICS)와 국제지질과학연합(International Union of Geological Sciences, IUGS)은 인류세의 시작 시점이 모호하며 새로운 시대로 인정할 만한 자연과학적 근거가 불충분하다는 이유로 공식 용어 채택을 최종적으로 부결했다. 그 대신 인류세는 여러 영역의 담론에서 가장 영향력 있는 개념으로 확장되었다.

인류세라는 개념을 둘러싸고 벌어진 격렬한 논의에서 크게 두 가지 주제를 꼽자면, 하나는 인류세가 언제 시작되었는지고 다른 하나는 인류세라는 용어가 적절한지다. 먼저 인류세의 시작 시점에 대한 다양한 주장을 살펴보자. 어떤 학자들은 인류세의 시작점을 인류가 농경을 시작한 시기로 특정한다. 한편 크뤼천과 스토머는 18세기 후반 산업혁명을 인류세의 기점으로 삼으며, 이 시기부터 인간 활동의 전 지구적 영향이 뚜렷해졌다고 주장한다. 또 다른 학자들은 플라스틱 사용이 본격화된 최근 수십 년에 주목한다.

그러나 시작점을 어디에 놓든 산업혁명이 결정적이었다는 것은 누구나 동의할 수 있는 사실이다. 산업혁명 이후로 화석연료 채굴과 사용 그리고 대규모 탄소 배출로 인한 지구온난화가 인류세를 본격화하고 가속화했기 때문이다. 수치를 봐도 현재 기온은 산업화 이전보다 약 2도 상승해 있다. 현재의 이 온도만으로도 임계점을 넘어설 수 있으며, 이미 어떤 지역과 상황에서는 치명적 결과가 나타나고 있다. 온난화는 산업화 시대 이래로 지금까지 빙하 감소, 생물 멸종, 이상 기후, 농작물 수확량 감소 등 지구 환경 전반에 심각한 변화를 초래해 왔다. 그래서 2018년 기후변화에 관한 정부 간 패널(Intergovernmental Panel on Climate Change, IPCC)은 "지구온난화 1.5°C 특별보고서(Special Report on Global Warming of 1.5°C)"에서 평균 온도 상승을 2도가 아니라 1.5도로 제한하자는 목표를 제시하기도 했다. 하지만 현재는 이마저도 불가능하다는 비관적 전망이 우세하며 이는 여러 공식적 의견과 연구에서 인정받고 있다. 요약하자면 인류세의 시작점은 관점에 따라 다양하게 설정될 수 있고, 이 때문에 인류세는 새로운 지질시대를 칭하는 자연과학의 공식 용어로 승인되기 어려웠다. 단, 석탄에서 석유로 이어지는 화석연료 사용 이후 부정적 변화가 급격히 일어났다는 점에는 대체로 동의한다.

그다음으로 인류세라는 용어가 과연 적절한지에 대한 논란을 살펴보자. 인류세에 '인류'라는 명칭을 사용하는 것이 타당한지에 대해 비판적 물음이 제기되고 있다. 이러한 문제 제기는 오늘날의 생태위기가 '인간'이라는 종 전체의 책임이라기보다 기업 중심 산업 활동에서 비롯했다는 인식에 기반한다. 특히 '인간'이라는 보편명사는 환경 불평등(environmental inequality)이라는 사회학적 개념으로 다뤄지는 인간 내부의 폭력 구조를 지우고, 나아가 그 폭력을 작동시키고 재생산하는 기업의 이윤 추구 구조에 대한 책임을 흐릴 수 있다는 우려를 낳는다. 이러한 비판 가운데 제안된 대표적인 대안적 용어가 '자본세(Capitalocene)'다. 안드레아스 말름(Andreas Malm)은 화석연료에 기반한 증기기관 도입이 자본주의적 동인과 결합해 기후위기의 기원이 되었다고 분석하며, 자본세의 물질적 기원을 조망한다(Malm, 2016 참조).

한편 제이슨 무어(Jason Moore)는 자본주의의 구조적 책임을 드러내기 위해 자본세를 제안하고, 자본주의의 역사적 작동 방식과 '값싼 자연(Cheap Natures)'의 조직화에 초점을 맞춘다(Moore, 2015 참조).

이 외에도 식량 재배와 다종의 강제 노동 시스템에 주목하는 애나 칭과 도나 해러웨이의 플랜테이션세(Plantationocene)(Haraway & Tsing, 2019), 피모아 크툴루(Pimoa cthulhu)라는 거미처럼 촉수적 힘을 뻗치는 역량을 강조한 해러웨이의 술루세(Chthulucene)(Haraway, 2016: 55), 에코페미니스트들의 남성세(Androcene)를 포함한 여러 대안적 용어들이 제시되었다. 여기에는 '-세(-cene)'라는 접미어가 명시적으로 붙은 조어뿐 아니라 기존 '-중심주의'에 대한 전방위적 비판이 포함된다.

인류외설

인류세라는 용어는 그 자체로 전 지구적 규모를 포괄함으로써 분과 학문을 넘어서는 초학제적 접근법을 요하며, 사실상 어떠한 논의도 가능하다는 담론의 광범함을 시사한다. 따라서 인류세를 구심점 삼아 펼쳐지는 논의들은 단순히 인간의 영향력을 강조하는 데 그치지 않고 인간과 비인간, 기술과 자연, 자본과 에너지의 복잡한 얽힘을 드러낸다. 그 일환에서 파리카의 인류외설은 'Anthropo+cene'에 미묘하지만 도발적인 변화를 가한 'Anthropo+(o)bscene'으로 인류세의 광범한 맥락에 하나를 보탠다. 구체적으로 인류외설은 인류세를 대체하는 용어라기보다는 인류세의 터무니없이 어두운 이면을 조명하기 위한 언어 비틀기 전략이다. 여기서 '외설(obscene)'은 자연을 자원으로 여기고 착취하는 행위가 자본주의적 시각성과 결합해 있다는 장 보드리야르(Jean Baudrillard)의 'Ob-Scene'(선정적 장면 연출법) 개념을 연상시킬 수 있다. 이는 욕망이 과잉으로 드러나는 순간, 시각적 장면(scene, 무대)의 경계가 붕괴되며 오히려 무대 밖으로 배제(ob-)되는 상황을 가리킨다.

하지만 파리카의 관점은 보드리야르와는 다른 방향을 향한다. 파리카가 외설성 혹은 선정성이라는 말로 가장 강조하려 했던 것은 국민국가와 전 세계적 물류·유통망에 기반해 활동하는 기업이 공학, 과학, 입법 수단 등을 통해 자행하는 인간 노동과 비인간 자연의 물적 착취다. 이는 당연히 자본주의로 연결되지만, 자본주의 체계에만 한정된 비판은 아니다. 즉 파리카는 인류외설을 통해 화석연료를 기반으로 체계화된 자본주의적 착취, 땅속에서 채굴한 석탄·석유를 중심으로 세계 이면에 한데 얽힌 여러 요소들, 특히 기술의 몸체, 지구의 물질, 인간의 신체 등의 물질을 드러내고자 한다. 결국 인류외설은 눈부신 발전으로 연출된 동시대 기술과 문화 이면에 환경 파괴와 인간·비인간의 고통이 있다는 불편한 진실과 마주하게 한다. 이는 미디어의 물질성을 지질학적 차원에서 풀어 나간다면 반드시 마주할 수밖에 없는 진실이다.

동시대 미디어 기술과 문화에서 우리가 가장 크게 간과하는 사실은 그것이 화석연료에 근간을 둔다는 점이다. 현재 문화를 특징짓는 모바일 기기는 그 제조 과정과 사용 기간 동안 화석연료가 주요 에너지로 소비된다. 데이터센터, 서버팜(server farm), 클라우드 컴퓨팅도 마찬가지다. 아울러 모바일 기기의 구성 요소는 화석연료와 마찬가지로 땅속에서 파낸 것이며, 원광 상태에서 정제물로, 전 세계 각지를 이동하며 정제물에서 원재료로, 원재료에서 구성 요소의 일부로 변환되어 제품으로 조립된다. 여기에는 공기, 물, 불, 흙의 개입과 상호 영향이 동반되며, 그 과정에서 인간의 노동력이 동원된다. 미디어의 제조·사용과 관련한 프로세스는 지극히 물질적이다. 이는 디지털 기술이 그 혁신성으로 과거와 구분된다는 우리의 역사적 감각을 전복한다. 주 에너지원은 과거와 다름없이 여전히 화석연료다. 이러한 맥락에서 인류세 관련 주장이 공통으로 주목하는 산업혁명과 그 이후 기계 중심의 근대적 산업은 사실상 다른 기술로 계속 연장되고 있을 뿐이다.

멈퍼드는 채굴과 지하를 근대 이래의 기술이 지닌 특징으로 보았고, 광물과 같은 무기적 자연이 기술로 인해 변화하는 단계를 구기술로 명명했다. 이 시기 노동자들은 땅 아래로 내려가서 유가 물질을 캐내고, 자연이 광산으로 변모하며, 도시가 생겨나면서 늘 공사 중인 거리 풍경을 빚어낸다. 파리카는 미디어 유물론적 관점에서 볼 때 구기술이 신기술이 나타난 이후에도 계속 이어진다고 말한다. 기계 기반에서 전기 기반으로 과학의 체제가 바뀌었고, 이에 따라 동원되는 광물과 금속의 종류가 달라졌지만 사실상 산업과 기술 그리고 그것들을 바탕으로 하는 문화에서 여전히 화석연료가 중요하고 땅 아래에서 채굴한 광물과 금속이 동원되기 때문이다. 물론 노동자의 고된 노동과 신체적 위해 역시 여전하다.

정리하자면 파리카의 인류외설은 멈퍼드의 기술 단계를 중요한 개념적 바탕으로 삼는다. 그중에서도 구기술과 신기술이 아주 오래전에 일어난 빛과 동식물의 광화학 작용을 발단으로 느리게 축적된 화석연료에 기대며, 기술 장치 제조에 필요한 원재료들을 채굴하는 방식을 이어 나가고 있다는 점에 주목한다. 물론 현재의 모바일 기기와 데이터 저장·처리 기술도 예외가 아니며, 물적 자원과 프로세스에 공고히 의존한다. 구기술에서 신기술까지 이어지는 시기는 대략 19세기부터 21세기까지로, 산업혁명을 기점으로 일어난 전 지구적 환경 변화와 맞물린다. 이 시기의 기술적 방식은 에너지원, 기술, 자본주의적 부 창출로 산업, 문화, 경제적 체제를 재구성했다. 특히 석유는 석탄보다 효율적인 에너지 흐름을 가능하게 하면서 전 지구적 규모의 이동에서 핵심이 되었다. 인류세의 어두운 이면을 이해하려면 자본주의·에너지·노동·물류 중 어느 것 하나 빠뜨리지 않고 거시적이고 종합적으로 고려해야 하며, 물적 자원의 채굴·운반·가공·조립·제조 과정을 살펴봐야 한다.

'인류외설'이라는 도발적 작명은 우리가 들추고 이해하려 노력하지 않으면 잘 보이지 않는 땅 아래의 지하세계에 집중하기를 바라는 의도를 담고 있다. 사실 인류세라는 용어가 대중화한 것은 극히 최근의 일이고, 행성 규모로 일어나는 환경 변화의 대표적 현상인 지구온난화가 과학계에서 인정받기 시작한 것도 21세기 직전이었다. 1990년대에 들어서야 지구온난화에 어떻게 대처할지가 국제적 의제로 부상했고, 유엔기후변화협약은 1994년, 교토의정서는 2005년에 각각 발효했다. 상황이 긴급함에도 인류가 거대한 지구 시스템을 통째로 바꿀 수 있다는 인식이 먼저 필요했던 것이다. 아직 갈 길이 멀지만, 인류세라는 담론의 형성과 상황 파악은 이렇게 짧지만 집중적으로 이루어지고 있다. 이런 맥락에서 우리가 사용하는 언어와 개념 그리고 과학적·철학적 설명 방식 자체를 비판적으로 재검토할 필요가 대두하고 있다. 파리카의 인류외설 개념은 자연 '착취'에 시선을 집중시켜 우리가 막연하게 인지하는 혁신적 기술 변화의 이면에 감추어진, 물질을 둘러싼 여러 더러운 이면을 들추기를 촉구한다.

참고문헌

Haraway, D.(2016). *Staying with the Trouble: Making Kin in the Chthulucene.* Duke University Press.

Haraway, D. & Tsing, A. L.(2019). Reflections on the Plantationocene: A Conversation with Donna Haraway & Anna Tsing. Mitman, G.(moderate). *Edge Effects.* https://edgeeffects.net/wp-content/uploads/2019/06/PlantationoceneReflections_Haraway_Tsing.pdf

Malm, A.(2016). *Fossil Capital: The Rise of Steam Power and the Roots of Global Warming.* Verso.

Moore, J.(2015). *Capitalism in the Web of Life: Ecology and the Accumulation of Capital.* Verso Books.

06
미디어의 느린 폭력과 비시각성

산업혁명 이후의 거대 가속 속에서도 환경 변화는 인간의 속도에 비해 느리게 진행된다. 그래서 인지하기 어렵고 종종 은폐된다. 롭 닉슨은 느리게 그리고 지각되지 않은 채 이루어지는 환경 파괴와 재해를 '느린 폭력'이라고 부른다. 파리카는 이 개념을 통해 미디어 기술이 초래하는 생태적 피해에 대한 인식을 확장한다. 예술은 이렇게 보이지 않는 것들을 드러내는 중요한 실천이다.

느린 폭력

인류세에서 산업혁명이 큰 전환점이었다면, 1950년대 이후에는 인구 증가와 경제 성장을 포함한 인간 활동의 증대와 함께 지구 시스템 변화가 '거대 가속(Great Acceleration)'으로 전개되고 있다. 하지만 거대 가속의 시대가 도래한 이 세상에 빠른 것만 있지는 않다. '느림'의 속도가 빠름과 중첩한다. 빠름과 느림이 공존하는 것은 파리카와 에른스트가 말하는 동시대의 특징인 다중적 시간성을 나타내기도 한다.

원래 시간 속도는 상대성에 기반한다. '빠르다'와 '느리다'라는 말 앞에는 (대개 생략되지만) 구체적 기준점이나 비교 대상이 놓일 수밖에 없다. 그리고 인류세가 지구 시스템 전체의 변화를 의미하는 만큼, 현재 논의에서 시간과 관련된 용어는 일반적으로 인간의 척도와 리듬을 기준으로 한다고 말할 수 있다.

그렇다면 인간보다 느리다는 것은 무엇을 의미하는가? 우리의 인식과 감각 체계에 비가시적인 듯하거나 실제로 비가시적인 과정을 의미한다. 가령 빙하가 녹고, 해수면이 상승하며, 숲·사막·극지의 생태계가 변하는 일들이다. 이런 변화는 과거에 비하면 가속화했지만, 그럼에도 매일 해가 뜨고 지는 것, 식물이 자라고 열매를 맺는 것 등은 우리 눈에 그 움직임이 감지되기 어렵다. 그러므로 인류세 논의의 가장 큰 학문적 도전이자 인식론적 과제는 우리가 체감하기 어려운 환경 파괴와 오염을 절체절명의 위기로 받아들이는 것이다.

환경인문학자 롭 닉슨(Rob Nixon)은 우리 눈에는 느리거나 심지어 지각되지 않은 채 이루어지는 파괴와 재해를 '느린 폭력(slow violence)'으로 정의했다. 느린 폭력은 특히 환경 문제와 결부되어 인간의 "눈에 보이지 않게 일어나는 폭력"(Nixon, 2020: 18)이다. 그리고 '느린 폭력'이라는 용어 자체는 통계나 인과관계로 그 피해를 명확히 증명하기 어렵기에 과학뿐 아니라 문학을 포함한 예술을 통해 "비가시성에서 비롯되는 표현적·서사적·전략적 과제에도 주의를 기울여야 한다"(Nixon, 2020: 19)는 닉슨의 믿음을 담고 있다.

이처럼 '느린 폭력'은 단순히 환경 변화를 감각하는 것을 넘어 동시대 미디어 기술 문화의 폭력성을 드러내는 개념으로 확장된다. 파리카가 닉슨의 개념을 빌려 온 이유도 여기에 있다. 파리카는 미디어 기술과 문화가 환경에 미치는 보이지 않는 영향에 주목하기 때문이다. 그것은 인간과 비인간, 유기물과 무기물, 지층과 대기 등에 쌓이고, 흐르고, 확산하고, 농도가 높아지는 화학적·생태적·지정학적 변화를 초래한다.

동시대 기술 문화에서 느린 폭력의 양상은 끝난 적 없는 전쟁으로 펼쳐진다. 파리카는 전쟁이 끝난 적이 없다고 단언한다. 세계대전에서 폭격을 맞은 지역들과 도시들은 복구되거나, 건축적 경향으로 거듭나거나(브루탈리즘), 그대로 남아 있다. 하지만 지독한 전쟁의 풍경은 주로 사회사·인간사에 속해 있다. 전쟁은 건축물이나 파괴된 인프라 아래, 지반·토양·해저 등에도 시선 너머의 흔적을 방대하게 남긴다. 이는 생물계와 생태계를 망라하는 전쟁의 '자연사'다.

전쟁은 명시적으로는 종결될 수 있어도 그 영향은 계속된다. (신)식민주의와 자본주의하에서 전쟁은 채석장, 수압 파쇄, 숲과 나무 등의 형태로 계속된다. 전쟁은 통계로 환원할 수 없는, 공식화되지 않은 환경적 폭력이다. 또한 전쟁은 역사적 기념비로 세워진 과거의 것이 아니라 특정할 수 없는 현재진행형으로 이어진다.

예술을 통한 가시화

느린 폭력을 감각할 수 있게 돕는 것이 예술의 한 가지 역할이다. 닉슨에 따르면 예술은 현실과 분리되지 않으며, 감춰진 초국가적 폭력과 서서히 진행되는 재난을 드러내는 데 핵심적이다. 닉슨은 장폴 사르트르(Jean-Paul Sartre)를 인용해 작가는 "폭로를 통한 실천"(Nixon, 2020: 471에서 재인용)을 택한 자이며, 동시대 작가가 디지털 네트워크와 온라인 소통에 힘입어 '작가-해커 활동가(hacktivist)'로 진화했다고 말한다. 이런 맥락에서 동시대 예술은 현실에 대한 저항적이고 적극적인 발화일 뿐 아니라, 과학이 포착할 수 없는 영역을 넘어 가늠할 수 없는 폭력의 '느림'을 공적으로 표현하는 수단이기도 하다. 즉 예술은 과학이 포착할 수 없는 '느림'을 공적으로 발화하는 수단이다. 조금 극단적으로 말하자면 예술이 현재 이 느린 폭력을 우리 눈앞에 전경화할 수 있는 유일한 방법일지도 모른다. 닉슨의 책 ≪느린 폭력과 빈자의 환경주의(Slow Violence and the Environmentalism of the Poor)≫가 사회 변혁을 꾀하는 예술의 중요성을 결론에서 강조한 이유다.

파리카 역시 동시대 시각예술을 통해 미디어 기술 문화의 느린 폭력을 드러낸다. 파리카는 그 실천적 사례를 분석할 때 니컬러스 미르조에프(Nicholas Mirzoeff)의 글 "인류세를 시각화하기(Visualizing the Anthropocene)"를 인용한다. 미르조에프는 르아브르 항구를 묘사한 클로드

모네(Claude Monet)의 <인상, 해돋이(Impression, soleil levant)>(1872)에 담긴 빛이 예술적 맥락뿐 아니라 석탄 경제의 즉물성을 반영한다고 본다. 우리가 이 작품을 볼 때 마주하는 빛과 색채의 조합이 산업 스모그의 표현이라는 점은 (시각적으로는) 보고 있어도 (인지적으로는) 보지 못하는 상태를 시사한다. 이렇듯 비시각성은 단순히 보이는가 보이지 않는가에서 끝나는 문제가 아니다. 미르조에프가 강조했듯 시각화는 애초에 18세기 군사학에서 유래한 용어다. 이는 시각화가 인지적 가능과 불능을 의도적으로 유발하기 위해 식민 권력과 자연 정복이 적극적으로 취한 전략임을 시사한다.

느린 폭력은 결국 시각화, 서사화, 인식의 문제로 귀결된다. 여기서 파리카는 메리 루이스 프랫(Mary Louise Pratt)의 '전 지구적 의식(planetary consciousness)' 개념을 도입한다. 이 개념은 인간의 한계를 벗어난 범위의 전 지구적 문제인 느린 폭력을 드러내고 인식할 수 있도록 관점의 전환을 요청한다. 우리 눈에 보이고 존재하는 대상이, 실제로 보이고 존재하게 되기까지 어떤 일련의 과정들을 거쳤는가? 전 지구적 의식 개념은 누가 개입했는지, 어떤 관점이나 척도가 표준이 되었는지, 표준이 아닌 어떤 것들이 배제되었는지 따지게 한다. 이러한 질문은 '지금 눈에 보이는 모습'은 일부일 뿐, 미디어 기술이 궁극적으로 권력 구도에 의해 형성된 감각적·정치적 배치물임을 드러낸다.

느린 폭력은 원래 그 현상 자체를 인지하기 어려울 뿐 아니라, 그것을 의도적으로 은폐하려는 전략이 존재한다. 느린 폭력은 이 두 갈래의 비감각성에 관한 문제다. 예술이 이러한 감지 불가능한 것을 감각적·인지적으로 변환해 문턱값 위로 올리는 사회적 역할을 맡고 있다. 예를 들어 케이티 패터슨(Katie Paterson)의 설치 작품 <바트나이외퀴들(의 소리)[Vatnajökull(the sound of)]>은 빙하가 녹는 소리를 전화를 통해 청각화한다. 전시장에 설치된 하얀 네온사인의 번호 '+44(0)7757001122'로 전화를 걸면 아이슬란드 바트나이외퀴들 빙하 아래 수중 마이크와 연결되어 빙하가 천천히 녹는 소리를 들을 수 있다. 여기서 전화선, 마이크, 증폭기는 우리 생활권과 멀리 떨어진 현장에서 일어나는 느린 폭력의 기후 변화를 지각 가능한 소리로 변환해서 들려주며 생경한 경험을 제공한다. 이 작품은 산업 문명에서 형성된 바로 그 기술을 통해 기술 문화가 얼마나 멀리 갔는지, 얼마나 조용하게 그 영향력을 발휘하는지 들려준다.

한편 케이트 데이비스(Kate Davies)와 리엄 영(Liam Young)의 비판적 디자인 스튜디오 '언노운필드디비전

(Unknown Fields Division)'의 <희귀한 토기(Rare Earthenware)> 프로젝트는 느린 폭력에서의 의도적 비시각성을 드러내는 사례다. 이 프로젝트는 기본적으로 모든 것을 자본의 논리로 환원하는 포스트식민주의적 체제에 대한 비판 차원에서 동시대 디지털 문화의 물질적으로 드넓고 긴 경로를 추적하고 탐구한다. 언노운필드디비전이 탐사한 내몽고의 방사성 폐기물 호수에서 채취된 진흙에는 플루오린화수소산, 이산화황, 황산 등 유독성 화학 물질이 포함되어 있다. 이는 전자제품이 만들어질 때 발생한 찌꺼기다. 도예가 케빈 캘러헌(Kevin Callaghan)이 이 진흙으로 명나라풍의 화병 세 점을 제작했다. 이 화병의 모양 그리고 그와 대조되는 물리적 성분의 출처는 겉보기에 청정하고 무해한 디지털 기기가 그것이 실제로 제조되거나 버려지는 외딴 곳에서 벌어지는 (긴 이동을 통해 결국 우리 삶의 터전으로 침투하는) 화학적·생태학적·지정학적 폭력에서 비롯했음을 드러낸다. 이처럼 <희귀한 토기>는 디지털 기술 이면의 물질성을 들추고 그 장기적 폭력성을 시각적으로 전환한 사례다.

느린 폭력의 지정학과 비가역성

느린 폭력은 한번 발생하면 돌이키기 어려운 비가역성을 띠며, 현재진행형으로 조용히 계속되고 있다. 파리카는 이 느린 폭력이 최첨단 기술과 그에 수반하는 통제와 규제, 각종 전자제품과 화학 물질의 요소들로 인해 일어난다는 점을 분명히 한다. 우리는 실질적으로 연장된 '냉전' 속에서 살아가고 있다. 다시 말해 동시대 미디어는 전쟁을 다른 방식으로 지속시킨다. 즉 국가 경계를 넘나들며 에너지를 선점하고 더 많이 취하려는 경쟁, 국경이라는 경계선을 둘러싼 물리적 갈등, 난민의 강제 이동 등의 사건들은 공식적인 시작점이나 종결점 없이 언제 어디서나 일어나고 있다. 또한 이러한 전 지구적·지정학적 맥락에는 과거처럼 이데올로기의 갈등 구도가 아니라 자원, 에너지, 물질을 둘러싼 여러 거대 주체들의 전략과 전술이 얽혀 있다. 이렇듯 동시대의 기술 문화는 단순한 구도로 축소되거나 환원될 수 없는 복잡성을 띠며, 인간 대 인간의 대립을 넘어 비인간 그리고 흙·공기·물 등 자연환경까지 자신의 영향력하에 둔다.

요컨대 느린 폭력은 동시대 미디어 기술 문화를 구성하는 다중적 시간 중에서도 가장 드러나지 않은 비가시적 영역에서 착취와 변형이 은폐된 채 이루어지고 있음을 드러내는 용어다. 느린 폭력은 포스트식민주의의 갈등 속에서 벌어지는 물리적·화학적·구조적 파괴의 현 상황이자, 예술가들이 보이고 들리는, 혹은 설명 가능한 것으로 변환하고 폭로하는 심각한 이야기다.

참고문헌

Nixon, R.(2011). *Slow Violence and the Environmentalism of the Poor*. Harvard University Press. 김홍옥 옮김(2020). ≪느린 폭력과 빈자의 환경주의≫. 에코리브르.

Parikka, J.(2016). *A Slow, Contemporary Violence: Damaged Environments of Technological Culture*. Sternberg Press.

07
계획적 구식화와 블랙박스

계획적 구식화는 소비자로 하여금 끊임없이 새로운 기기를 구매하도록 유도하기 위해 제품 디자인 과정에서부터 그 수명을 한정한다. 비개방형 인클로저로 마감하는 동시대 미디어 객체의 '블랙박스'화는 동시대 미디어의 계획적 구식화가 취하는 대표적 전략이다. 이는 전자제품의 사용·폐기 주기를 가속화할 뿐 아니라 사용자가 그 기술에 접근하지 못하게 하고 기술에 대한 몰이해를 초래한다.

계획적 구식화

계획적 구식화(planned obsolescence)는 1932년 미국의 경제인이자 사업가인 버나드 런던(Bernard London)이 대공황 극복을 위해 제안한 방안이다. 말 그대로 물건이 구식이 되는 시점을 미리 계획함을 뜻한다. 런던은 물건이 판매될 때부터 사용 기한을 표기하고, 사람들이 그 물건을 구입해 표기된 기한을 넘겨서 사용할 때 세금을 내야 한다고 말한다. 그런데 물건의 죽음과 그 죽음의 시기를 미리 지정하는 계획적 구식화는 정부 차원에서의 정책이 아니라 제품 디자인과 산업 분야에서 채택되었다. 20세기 중반 소비자를 대상으로 상품과 서비스를 제공하는 부문에서 이러한 전략이 구체화되고 도입되기 시작했다. 패션이 대표적 사례다. 옷의 소비는 옷이 닳아지고 찢어지는 일 혹은 적은 가짓수가 아니라 일정 주기로 바뀌는 유행의 흐름에 더 크게 좌우된다. 물론 계획적 구식화 그리고 그것과 결을 함께하는 시간을 이용한 마케팅('지금 구입하지 않으면' 혹은 '현재에 발맞추려면')은 동시대의 여러 소비자 대상 산업에서 매출 향상을 도모하는 핵심적인 디자인·판매 전략이다.

계획적 구식화는 현재 디지털 미디어 문화에서 중요한 소비 특징이 되었다. 이러한 경향은 점점 더 심화하고 있다.

가령 아이폰이 출시된 2007년 이전의 휴대폰(폴더폰)은 배터리가 탈착식으로 되어 있어 외부 활동이 길 경우 교체용 배터리를 챙겨 다니곤 했다. 반면 현재 스마트폰은 일반적으로 배터리가 내장형이고, 리튬 전지는 약 2년 정도 사용하면 성능이 급격히 떨어져 이즈음 교체를 고려하게 된다. 이때는 스마트폰 자체나 배터리의 보증 기한이 지난 시점이라 서비스센터에 유료 교체를 요청해야 한다.

그런데 배터리를 내장형으로 바꿈으로써 일어나는 소비자의 어포던스(affordance. 행동유도성) 변화는 단순히 배터리 교체에만 한정되지 않는다. 소비자는 배터리 교체 비용이 저렴하지 않다고 느끼고, 즐거운 소비 활동이 일어나는 상점 대신 사무적인 서비스 센터를 예약 방문하는 추가 활동은 번거롭기 마련이다. 게다가 배터리의 성능이 저하할 즈음에는 소비자가 사용 중인 휴대폰보다 성능이 향상되거나 추가된 여러 제조사의 최신 휴대폰이 출시되어 있을 것이다. 그래서 소비자는 휴대폰을 새로 구입하는 선택지를 자연스럽게 고려하곤 한다. 아울러 휴대폰 교체 주기가 평균 약 2년 반에서 3년 반 사이라면, 사용 기간이 2년을 넘겨 길어질수록 최소한 보조 배터리나 충전 케이블 등 추가 액세서리 구입이 필요할 것이다.

한때 일부 소비자가 제조사가 일부러 배터리 교체 시점

에 맞춰 휴대폰의 성능이 저하되도록 계획한 것이 아니냐는 음모론을 제기한 적이 있었고, 제조사는 이를 반박했다. 그러나 소비자 입장에서는 그것이 단순한 음모론인지 실제로 가능한 설계 전략인지 판단하기 어렵다. 더군다나 제품의 수명을 인위적으로 단축하는 것 자체가 계획적 구식화의 방법론적 본질이기 때문에 이러한 논란은 계획적 구식화의 설계 자체보다는 그 설계가 사람들에게 납득 가능한 수준에서 이루어지는지를 둘러싼 집단적 수용의 문제로 볼 수 있다.

이런 맥락에서 파리카와 미국 기반으로 활동하는 예술가인 가닛 허츠(Garnet Hertz)는 소비자 입장에서 핸드폰 안에 어떤 구체적 기술이 어떻게 들어가 있는지 알 수 없게 하는 현재의 하드웨어 디자인에서 계획적 구식화 이상의 근본적 문제를 짚어 낸다. 내부 접근을 차단하는 플라스틱 인클로저(enclosure. 부품이나 회로를 보호하기 위한 케이스)는 소비 촉진의 어포던스뿐 아니라 우리가 기술에 접근하는 경로를 물리적으로 차단해 디지털 주체로서 주권을 발휘할 수 없게 한다. 즉 디지털 기기는 오직 제조사가 의도한 방식으로만 사용할 수 있게 설계되어 있다. 사용자 임의로 제품을 개조·분해·수리하는 것은 '금지'되어 있고, 그럴 경우 무상 수리 대상에서 제외된다는 항목은 모든 가전제품의 제품 보증 내용에 포함되어 있다.

블랙박스가 된 미디어

파리카와 허츠는 이러한 맥락을 강조해 "기술적 객체가 '블랙박스'로 설계되었다"(Hertz & Parikka, 2012: 426)고 표현한다. 이들에 따르면 랩톱컴퓨터, 전자 장난감, 스마트폰, 프린터, 스피커, 자동차 등 미디어 기술 객체는 단일한 단위가 아니다. 우리가 그것들을 하나로 여기는 까닭은 각각이 외부 마감재로 감싸여 완결(폐쇄)된 형태를 띠며, 전화를 걸고 문서나 이미지를 출력하는 기능적 결과를 중심으로 사용되기 때문이다. 즉 정해진 대로 아웃풋을 내는 것으로만 이해되기 때문이다.

오늘날 디지털 기기의 사용자 인터페이스는 기능을 직관적으로 수행하도록 설계되어 있지만, 그 이면에서는 기술적 복잡성과 구성 요소가 점점 더 감춰지고 있다. 직관적인 사용자 인터페이스, 가령 단순화한 조작과 통일된 아이콘, 터치 중심의 편리한 환경은 설명서 없이도 조작 가능한 수준으로 사용자 친화적이 되었다. 그러나 사용자 친화적 디자인은 역설적으로 기술을 사용자 배제적으로 만들 위험이 있다. 기술의 불투명성을 심화하기 때문이다. 이는 광고와 마케팅이 기술에 덧씌우는, 점점 더 가벼워지고 점점 더 무게가 사라지는 듯한 탈물질적 이미지를 있는 그대로 받아들이게 한다는 점에서 더욱 문제적이다.

광고에서 강조되는 '무선', '경량성', '얇아진 두께'는 수리와 장기 사용을 어렵게 하는 하드웨어 디자인과 직결된다. 이런 기술의 전개 양상이 결함의 보완 즉 진보로 제시된다면 그것이 무엇에 대한 진보인지 근본적으로 짚어 볼 필요가 있다. 가볍기 때문에 이동하기 편하고 선이 없기 때문에 더 깔끔한 것이 진보인가? 기술과의 직접 접촉을 차단하고 사용자가 기술의 본질에 대해 직접 생각해 볼 수 없게 한다면 오히려 퇴보에 가깝지 않은가? 만일 우리가 가볍고 선이 없고 얇은 것을 진보로 간주해 왔다면 그 진보의 기준은 우리가 만든 것인가, 아니면 그렇게 여기도록 유도된 것인가?

이러한 의문을 더 확장해 보면 계획적 구식화가 런던의 제안처럼 국가에 의해 강제되는 법적 제도가 아니라 사람들에게 진보라는 미명하에 획일적인 소비 기준을 주입하고 소비자를 매혹하는 욕망의 전략이 된 현재를 이해할 수 있다. 기술에 진보라는 가치를 부여하고 진보의 방식을 세뇌하는 것은 미디어 기기를 설계하고 출시하는 이익 주체와 관련 산업 집단의 강력한 마케팅 수단이자 판매의 기본이다.

소비자들에게 단일 개체로 인식되는 미디어 객체는 자연적으로 완결된 것인 양 전시되고 판매되며 사용된다. 하지만 인클로저로 마감되기 전까지 그 기기는 수많은 곳에서 수많은 공정을 거쳤을 것이다. 이는 블랙박스화된 객체의 덮개를 열어 보았을 때 비로소 실감할 수 있다. 미디어 객체 안에는 수많은 부품들이 조합되어 있고, 따라서 그것은 단일하지 않다. 그리고 각각의 부품은 그 자체로 단일 객체다["블랙박스 내부 각각의 부분은 그 자체로도 부품으로 가득 찬 블랙박스다"(Latour, 2018: 294)]. 또한 미디어 객체에는 수학적 계산과 부품들을 종합하는 여러 처리 기술들이 포함된다. 블랙박스라고 불리는 상자 안에는 여러 종류의 수많은 상자들이 존재한다.

브뤼노 라투르(Bruno Latour)의 행위자-연결망 이론에서 거론된 블랙박스 개념과 함께 라투르의 결절(punctualization) 개념도 참고할 만하다. 결절 역시 여러 기술적 구성요소들이 단일한 복잡계로 통합되는 경우를 가리키기 때문이다. 한편 단일한 객체가 해체되어 여러 구성 요소로 분리되는 경우는 해리(depunctualization)라고 불린다. 사용자는 결절된 블랙박스의 내부를 이해하지 않고도 그것을 사용해 출력물을 얻을 수 있다. 그러나 블랙박스가 고장 나면 출력이 되지 않고 이 지점에서 블랙박스가 해리된다. 블랙박스가 해리되면 겉으로 보기에 그저 전체적으로 고장 나 작동을 멈춘 듯한 시스템 안에서 여러 객체들이 관계 맺고 존재하고 있다는 사실이 드러난다. 그러나 이는 제조사에서 공인한 수리 담당자에게만 해당되는 이야기다. 단, 파리카의 주장을 바탕으로 덧붙이자면 수리 담당자도 내부의 수많은 부분 각각을 검토해 고장의 원인을 온전히 이해하고 부품을 교체하는 것은 아니다. 수리 담당자가 접하는 객체는 소비자가 접하는 단일 객체보다는 작은 단위의 객체겠지만, 그것 역시 중간 단위의 객체(더 작은 객체들의 집합, 이를테면 청소기의 모터나 컴퓨터의 파워서플라이) 수준일 것이다. 결국 '전문가' 수준의 이해는 제품 개발자나 일부 연계 연구소의 소수 전문가만이 접근할 수 있는 극히 제한된 이해다.

덮개 아래를 들여다보기

동시대 미디어 문화에서 계획적 구식화는 블랙박스화의 형태로 진행되고 있다. 이는 '좀비 미디어(zombie media)'

를 빠르게 많이 발생시킬 뿐 아니라 기술에 대한 우리의 이해를 통제하고 제한한다는 점에서 더더욱 문제적이다. 미디어 기술은 사용자 중심으로 '발전'하는 것이 아니다. 반대로 사용자를 사용·폐기 주기 가속화를 위한 요소로 동원해 우리를 기술로부터 소외시킨다. 이러한 계획적 구식화 전략은 미디어의 물질성 그리고 시간성에 대한 이해 자체를 막거나 왜곡한다. 그래서 파리카는 미디어고고학자의 역할이 하드웨어의 덮개를 열어 그 아래를 들여다보는 데 있다고 주장한다. 그 덮개 아래를 들여다보는 것은 허락되지 않는다. 그럼에도 편법이나 불법을 감수해서라도 그렇게 해야 하는 이유는 미디어 생태 차원에서 계획적 구식화의 소비를 늦추는 것이 절실할 뿐 아니라, 저항 차원에서 미디어 문화 차원에서 은폐된 기술에 대한 사용자의 주체성을 회복할 필요가 있기 때문이다. 내가 사용하는 기술이 무엇인지 이해하는 것은 주체성 회복의 첫 번째 단계다.

포털 웹사이트의 알고리즘과 개인정보 수집 등은 동시대 미디어 연구의 중요한 주제다. 계획적 구식화 전략으로서 블랙박스화에 대한 파리카의 비판은 이 맥락에서도 설득력이 있다. 오늘날 일반인에게 기술은 전문가나 대기업에 위탁할 수밖에 없는 영역이 되었기 때문이다. 우리는 선택지가 없는 상황에서 자연스럽게 권한을 넘기고, 한정된 종류의 전자제품군과 그것이 제공하는 서비스 안에서 획일화된 욕망을 갖는다. 그런데 소비자가 직접 기기를 변형하거나 수리하는 것은 윤리적 문제가 아님에도 사회적으로 쉽게 용인되지 않는다. 따라서 소비의 권리 차원을 넘어서는 근본적 문제의식이 필요하다. 기기의 덮개를 열고 회로를 조작하는 행위 자체는 동시대 디지털 문화에서 주권을 주장하는 적극적 행동이자 집단적 DIY 운동이 될 수 있다.

참고문헌

Hertz, G. & Parikka, J.(2012). Zombie Media: Circuit Bending Media Archaeology into an Art Method. *Leonardo, 45*(5), pp. 424-430.

Latour, B.(1999). *Pandora's Hope: Essays on the Reality of Science Studies.* Harvard University Press. 장하원·홍성욱 옮김(2018). ≪판도라의 희망: 과학기술학의 참모습에 관한 에세이≫. 휴머니스트.

08
좀비 미디어와 서킷벤딩

좀비 미디어는 버려진 이후에도 완전히 사라지는 것이 아니라 산 주검으로서 우리 삶에 지속적으로 영향을 미치는 전자폐기물을 가리킨다. 파리카는 계획적 구식화 탓에 첨예해진 전자폐기물 문제를 비판하면서 기술 소비와 폐기의 순환을 성찰하고 드러내는 한 방식으로 버려진 전자폐기물을 개작하는 예술적·미디어고고학적 실천인 서킷벤딩을 소개한다.

좀비 미디어

좀비 미디어는 기술의 생명 주기와 그 끝, 즉 '죽음 이후의 존재 방식'을 설명하는 개념이다. 버려진 기술이 완전히 사라지는 것이 아니라 산 주검(undead)의 상태로 우리 곁에 남아 계속해서 영향을 끼치고 있음을 보여 준다. 파리카와 허츠는 이 좀비 미디어 상황이 계획적 구식화로 인해 점점 더 심화하고 있다고 지적한다. 그러면서 우리 삶의 터전에서 벌어지고 있는 물질적 사건들과 생태적·예술적 사례들을 근거로 좀비 미디어의 현재를 진단하고 돌파구를 모색한다.

미디어와 관련된 현실 문제들을 이론의 장 안으로 끌어들이는 파리카의 학문적 경향은 전자폐기물을 주제로 한 연구에서 특히 부각된다. 전자폐기물의 증가는 텔레비전, 세탁기, 냉장고 등 일상생활의 편의와 즐거움을 도모하는 가전제품이 보급되면서부터 예견된 일이었고, 지금은 스마트폰이나 태블릿PC 등 모바일 기기의 제조·소비·폐기의 단축된 주기가 더해지면서 새로운 국면에 접어들었다. 폭발적으로 늘어난 전자폐기물은 현재 형성되는 지층의 중요한 구성 요소가 될 것이며, 그 화학적 조성에도 결정적 영향을 미칠 것이다.

우리가 과거에 사용한 전자제품은 전자폐기물 상태로 전환되어 지구 어딘가에 물리적으로 잔존하고 있다. 전자폐기물은 내구성이 뛰어나기 때문에 어떤 식으로든 결코 사라지지 않을 뿐 아니라 인간의 수명을 훨씬 뛰어넘는 시간 동안 계속해서 존재할 것이다. 또한 눈에 보이지 않을 뿐 전자폐기물은 우리 일상과 분리되어 있지 않다. 오히려 납, 카드뮴, 수은, 바륨 등 유독성 물질을 대기, 물, 토양에 방출하며 우리 삶과 몸 내부에 침투해 있다. 즉 전자폐기물은 죽었지만 산 주검의 모습으로 우리에게 다시 돌아온다. 이렇게 우리는 전자폐기물과 더불어 살아가고 있다.

20세기 중반 이후 산업디자인 전략으로 널리 퍼진 계획적 구식화는 소비 가속화만큼이나 폐기 가속화를 야기하고 있다. 소비자본주의에서는 제품 판매량이 적든 많든 쓰레기가 늘어날 수밖에 없다. 판매량이 적은 경우의 대표적 사례로 2014년 뉴멕시코 앨라모고도에서 아타리(Atari)의 각종 전자제품들이 발굴된 사건을 들 수 있다. 1980년대 초반에 생산 대비 판매가 부진해 재고로 남은 게임팩, 콘솔, 컴퓨터 등이 앨라모고도에 묻혀 있었나는 사실이 약 30년 뒤 드러난 것이다. 그중 게임팩 <E.T.>는 경제 호황과 영화의 인기에 힘입어 많이 팔릴 것이라는 기대에 따라 대량 생산됐으나, 게임의 완성도가 낮다는 혹평을 받았고 소비자의 요구로 대거 환불되었다. 아타리는 소매점과 유통사에서 다시 본사로 들어온 제품의 양을 감당할 수 없어 창고에 있는 여러 재고들과 함께 대량 매립을 강행했다.

2014년 게임팩이 발견되었을 때, 당시의 전자제품과 문화에 향수를 품은 레트로·키덜트 성향의 팬층은 일종의 성지순례로서 현장 방문을 바랐다. 하지만 토양에 있을 수 있는 메틸수은, 말라티온, DDT 등 유해 화학물질의 측정 결과가 나올 때까지 현장 접근은 제한되었다. 어떻든 그곳에서 발굴된 전자폐기물은 외견상 멀쩡해 보였다. 이러한 좀비 미디어는 어디에 있든 산 주검의 상태로 우리 환경에 영향을 미친다. '뉴미디어'로 총칭되는 동시대 미디어 문화에서 오래된 미디어를 발굴한 앨라모고도 출토 사건은 미디어'고고학'의 실제 예시로 자주 거론되고 있다.

한편 많이 팔린 제품들도 결국 일정 시간이 지나면 쓰레기가 되어 돌아온다. 전술한 사례와 사용 여부만이 다를 뿐인데, 사용 기간이 점점 더 짧아지고 있다는 점에서 그마저 격차가 점점 줄어들고 있다. 즉 현재 제품의 사용 기간은 제품이 버려진 이후 좀비 미디어로서 살아가는 삶의 지속 시간에 비하면 찰나에 불과하다.

이 지점에서 계획적 구식화가 본격화해 소비 방식이 바뀐 21세기 전후의 상황을 간략히 짚고 넘어갈 필요가 있다.

광물이 채취·이동·가공·제작되는 생산 과정이 글로벌화했듯 21세기 전후로 산업 전반에서 저렴하게 제조할 수 있는 국가나 지역으로 생산지를 이전해 대량 생산과 저렴하고 빠른 유통을 가능케 하는 시스템이 정착했다. 이 시스템이 온라인 쇼핑 그리고 전 세계적 물류망 구축과 맞물려 패스트 패션과 저가 생활용품의 '더 자주, 더 싸게'라는 소비 패턴을 구축했다. 이러한 일회성 소비(disposable consumption) 경향은 쓰레기의 범람이라는 전 지구적 문제와 직결된다. 고가의 전자제품도 예외가 아니다. 모바일 기기와 같은 전자제품 역시 실질적 사용 주기는 소비자가 폐기를 결정하는 주원인이 아니기 때문이다. 사용 주기보다는 제품의 특징과 개인의 정체성을 일치시키라는 압박 그리고 소외나 배제에 대한 두려움을 활용하는 '포모(fear of missing out, FOMO)' 등의 상업 전략이 폐기를 결정하게 하는 더욱 강력한 계기며, 이는 과잉소비(hyperconsumerism) 현상으로 이어진다.

서킷벤딩: 회로 조작

파리카는 소비와 폐기의 가속화에 대한 문제의식을 어떻

게 발전시킬 수 있을지 모색하며, 이를 위한 예술적 방법론으로 '서킷벤딩(circuit bending)'을 중요하게 다룬다. 서킷벤딩은 전자제품의 회로를 창의적으로 개조해 원래 제조 목적과는 다른 새로운 소리나 예기치 않은 기능을 구현하는 행위다. 이는 20세기 초중반 근대 소비문화와 기술 문화에 직간접적 영향을 받아 신문과 자전거 바퀴 같은 기성 소비재 즉 '레디메이드'를 작품의 구성 요소로 끌어온 초기 아방가르드 예술과 공명한다. 특히 당시 대표적인 가전제품이었던 텔레비전의 내부 회로를 재배선한 백남준의 작품은 서킷벤딩에 앞선 선구적 실험이었다. 또한 서킷벤딩은 1970년대 이후 전자문화의 특징인 아마추어주의 그리고 DIY 경향과도 맞닿아 있다.

서킷벤딩은 정식으로 기술 교육을 받은 적이 없거나 기술적으로 공인되지 않은 개인이 직접 장치를 뜯고 조작하는 실천이다. 미국의 예술가 리드 가잘라(Reed Ghazala)의 <인캔터(The Incantor)> 시리즈가 서킷벤딩의 주요 사례로 언급된다. 가잘라는 어린이 장난감이나 저가의 신디사이저 등 구식이 된 가정용 장치를 습득하고 재활용해 소리를 임의적으로 변형하는 작업을 한다. 가잘라의 작업 프로세스에는 차고 세일 현장 등을 찾아가 중고 물품을 거래하는 일까지 포함된다. 가잘라는 덮개를 개방해 예상치 못한 결과가 발견될 때까지 내부 회로망을 실험하고, 그 과정에서 스위치·노브·버튼 등을 임의로 삽입하기도 한다. 어린이 장난감[텍사스인스트루먼트의 '말하기와 쓰기(Speak & Spell)' 등]을 분해한 뒤 회로를 단락시켜 우연한 글리치(glitch) 사운드를 생성한다. 원래 버튼을 누르면 나오던 합성 목소리가 기괴한 소음으로 변형될 때, 소비자 기술의 의도된 기능이 해체되고 기술의 숨겨진 물질성이 드러난다.

가잘라의 작품처럼 죽은 전자제품을 좀비 미디어로 부활시켜 새로운 생을 부여하는 서킷벤딩 예술은 파리카에게 중요하다. 그 자체로 좀비 미디어인 산출물을 통해 만연한 계획적 구식화와 기술 쇄신을 비판할 수 있기 때문이다. 다시 말해 서킷벤딩은 단순한 예술적 실천이 아니라 블랙박스에 대한, 그리고 기술과 소비의 순환 고리에 대한 저항 정신과 비판 정신을 지닌 실천이다. 버려진 기술에 또 다른 생의 주기를 부여하는 서킷벤딩 작업은 기술의 수명을 연장하고 소비와 폐기의 속도를 늦추는 대안적 실천이다. 더 나아가 기술에 대한 주체적 태도를 회복하고 기술을 둘러싼 권력관계에 균열을 내는 시도다.

이로써 좀비 미디어 개념은 기술의 죽음 이후를 탐구하는 데 그치지 않고 우리가 기술과 맺는 관계, 그 관계가 만들어 내는 사회적·생태적 맥락까지 비판적으로 조명한다.

우리는 좀비 미디어 개념을 통해 기술의 죽음 이후에도 여전히 살아 움직이는 물질적 흔적들과 그 흔적들이 사회와 환경에 미치는 영향을 다시금 생각해 볼 수 있다. 그리고 서킷벤딩을 통해 어떻게 기술을 둘러싼 기존 질서에 도전하고 새로운 가능성을 모색할 수 있을지 확인할 수 있다.

오래된 장치를 좀비 미디어로 부활시키는 서킷벤딩의 예술적 방법론은 파리카가 미디어고고학자로서 추구하는 바와 깊이 공명한다. 더 나아가 파리카는 미디어고고학자의 이론적 작업이 서킷벤딩과 같다고 주장한다. 미디어고고학자들 역시 기존 역사를 단락시키고 회로를 재배선해 원래 맥락에서 이탈하려 하기 때문이다. 과거의 것을 발굴함으로써 기술과 인간, 미디어와 자연이 하나의 환경으로 얽힌 복잡한 현재를 이해하고 그 안에서 어떤 선택을 할 수 있을지 탐색한다는 점에서 서킷벤딩이 곧 미디어고고학이고 미디어고고학은 곧 서킷벤딩이다.

결국 좀비 미디어는 기술의 죽음 이후에도 끝나지 않는 존재, 그리고 그 존재가 지구와 지구상에 존재하는 모든 것에 물리적으로 남기는 흔적을 상기시키는 개념이다. 파리카의 이론은 우리가 기술의 소비와 폐기 그리고 그 이후까지 책임져야 한다는 점을 상기시킨다. 그리고 서킷벤딩으로서 미디어고고학 혹은 미디어고고학으로서 서킷벤딩의 저항적 행위가 기술의 순환 고리에 새로운 균열을 내고 또 다른 가능성을 만들어 낼 수 있음을 보여 준다. 그러므로 좀비 미디어는 단순한 폐기물이 아니라 기술과 인간, 사회와 환경이 얽힌 복잡한 현실을 드러내는 구체적 물질이자, 또 다른 미래의 모색을 위한 물질적 단서다.

09
잔여

잔여는 주류에서 밀려나고 잊힌 파편이나 흔적이지만, 완전히 사라진 것이 아니라 자체적 힘과 잠재성을 지닌다. 일시적이고 불명확하게 존재하며 심지어 우리에게 감각되지 않는 잔여는 공간을 점유하고, 과거·현재·미래가 중첩된 이질적 시간성(헤테로크로니아)을 드러낸다. 우리는 잔여를 탐구함으로써 아카이브 내에 완결된 질서 바깥의 가능성과 세계의 복잡성을 가늠할 수 있다.

잔여와 나머지

'잔여(remain)'는 원래 자리에 남아 있지 않은 작은 파편들과 잔재들이다. 잔여는 사라진 것이 아니다. 우리가 그것을 주류 역사에서 밀려나고 버려진 것 또는 잊힌 구식의 것으로 여길 뿐이다. 그러나 잔여는 흐릿하지만 늘 움직이고, 일시적이나마 우리 감각에 포착될 수도 있다. 잔여는 자체적인 힘을 지니며 어떤 상황에서는 자신이 남아 있음을 드러낼 수 있다. 그럼에도 우리가 잔여를 이해하기란 어렵다. 잔여는 물질적이지만 안개나 공기 중의 수분처럼 감지되기 어려운 경우가 많기 때문이다. 또한 잔여의 움직임은 기본적으로 흩어지고 원래 자리를 이탈하는 양상을 띤다.

파리카는 잔여가 어떤 것이 사라진 지점을 표시하기만 하는 것은 아니며, 그것을 원본의 파생물로만 봐서는 안 된다고 강조한다. 즉 잔여는 어떤 것에 부수적으로 따라오는 이차적 존재가 아니다. 잔여 개념은 나머지(remainder)의 속성과 공명하기도 한다. 나머지란 우리 인식 바깥에 존재해 우리가 그것이 존재하는지도 모르는 상태다. 따라서 나머지로서 잔여는 일종의 데리다적 의미, 즉 끊임없이 지연되고 흔적으로 남은 것으로 이해할 수 있다. 또한 잔여는 역사나 분류 같은 일련의 체계에 의해 범주화될 수 없다.

잔여는 일시적이고 불명확하고 설명될 수 없으며, 우리가 포착하려는 순간마다 미끄러지고 빠져나간다. 잔여는 원본이 발단이 된 것은 맞지만 원본으로 다시 통합될 수 없기에 원본을 통해 이해할 수도 없다. 오히려 잔여의 발단이 된 원본이 잔여가 일차적인 것이 될 때 잔여를 품은 곳이 되기도 한다. 잔여는 우리가 완결된, 더 정확하게 말하자면 완결되었다고 여기고 싶은 세계의 틈을 내다볼 수 있는 진입구가 된다. 아울러 잔여는 세계의 통제 불가능성에 대한 불안을 야기할 수 있고, 따라서 통제 가능한 질서의 세계에서 가장 큰 난점이다.

분류 기관으로서 아카이브

완전한 인식론적 일관성을 띠는 세계는 잔여가 없는, 즉 예외가 없는 세계다. 예상치 못한 무언가가 없는 세계를 구상하고 세계의 지식을 질서화하려는 시도는 과학과 미디어의 역사에서 아리스토텔레스부터 근대의 백과사전 분류법까지 오랫동안 여러 방식으로 이루어져 왔다. 잔여 없는 완전한 질서는 수학에 기반한 회계의 역사에서도 추구되어 왔다. 가령 마르쿠스 크라예프스키(Markus Krajewski)는 차변과 대변이 딱 맞아떨어지는 숫자 계산법으로 나머지가 존재할 수 없게 한 15세기 복식부기의 등장을 언급한다.

그런데 파리카는 범주화나 정합성과 관련해 그 '분류 기준은 누가, 어떻게 생성하는가', '논리를 생성하는 주체는 누구인가', '이 논리로 인해 누가 이득을 얻는가'를 묻는다. 이는 분류가 전후 관계와 무관하게 권력과 불가분함을 드러낸다. 즉 분류는 어떤 것들을 범주 '안'에 넣지만, 이는 동시에 나머지 것들을 범주 '밖'으로 배제하는 것이기도 하다. 특히 분류법을 보편 체계로 작동시키려는 시도는 범주의 바깥으로 벗어나는 잔여들을 인정하지 않겠다는 태도로 이어지기도 한다.

아울러 아카이브의 분류적 작동이 식민주의와 결합하면 그것은 강력한 통제 수단이 될 수 있다. 특히 식민주의를 생산하고 가동하는 국가에서 분류는 곧 권력이다. 자신이 위에서 상황을 전부 읽고 있다는 자만심, 상황을 전부 읽어야 한다는 강제성 차원에서 인식론적 불확실성은 위협 요인이 될 수 있다. 그래서 식민주의 국가는 아주 명료한 체계를 세우고 그에 입각해 아카이브 안에 들어올 수 있는 (역사적) 문서를 기록하고 관리하며 보관하는 과정, 그리고 아카이브 안에 들어올 수 없다고 판단되는 것들을 의도적으로 삭제하는 과정을 전개한다. 그 신중하고 체계적인 작업을 통해 타자화한 존재들, 피지배자들은 아카이브 밖으로 밀려나고 공식적 역사에 존재하지 않는 잔여가 되어 버린다. 요컨대 아카이브는 단순히 과거의 유물이나 기억을 보관하는 기록보관소를 넘어 무엇이 보존되어야 하는가, 무엇을 배제할 것인가에 대한 정치적·문화적 결정들을 내리는 역사 구성 행위다.

아카이브의 작동, 특히 분류에 대한 파리카의 견지는 다음과 같다. 분류는 기본적으로 경계를 세우고 안팎을 가르기 때문에 범주화가 작동하는 과정 중에는 늘 아카이브 밖으로 미끄러지고 배제되는 나머지로서 잔여가 생겨날 수밖에 없다. 이는 '잔여'라는 단어가 지닌 양가적 의미에서도 드러난다. 파리카가 강조했듯 잔여는 아카이브 안에 들어온 것(보관되어 역사의 일부에 속하게 된, 과거로부터 남겨진 것)을 의미할 수도 있고 아카이브 밖에 있는 것을 의미할 수도 있다. 데리다적 의미에서의 나머지와 더욱 직접적으로 공명하는 후자는 명확한 맥락을 부여하기 어렵다는 난해함을 수반하지만, 파리카를 포함해 미디어 연구에서 늘 매혹적인 연구 주제였다. 특히 '미디어'라는 단어에 끈질기고 은연하게 따라붙는 '혁신'과 '진보'에 문제의식을 지닌 미디어 연구에서 나머지로서 잔여에 집중하는 것은 선형적·목적론적 역사를 전복하기 위한 효과적 방법이다. 잔여를 살펴보면 완결되어 있거나 예정된 대로 나아가는 예측 가능한 세계와 예측 불가능한 세계 사이에 놓인 틈을 가늠할 수 있다. 그 틈을 파고들어 오래된 것과 새로운 것, 아카이브 안의 작동 원리와 바깥으로 제외된 잊힌 것의 이분법이 어떤 식으로 작동하는지 이해할 수 있다.

잔여의 공간성과 시간성

파리카는 잔여를 살펴봄으로써 공간과 시간에 대한 이해를 획기적으로 넓힐 수 있다고 주장한다. 먼저 잔여의 공간성을 살펴보자. 무언가가 남아 있다는 것은 그것이 '어딘가'에는 위치함을 뜻한다. 특히 물질적 잔여는 버려지고 잊힌 것처럼 간주되지만 실제로는 어떤 자리를 물리적으로 점유하면서 지속된다. 즉 잔여는 현재 실제로 작동하고 있다. 예를 들어 미디어 폐기물은 버려진 이후에도 환경에 영향을 미치며, 하드드라이브 같은 하드웨어 기반 디지털 아카이브에 묻힌 데이터들도 후대에 어떤 식으로든 사용하기 위해 불러올 수 있다. 잔여는 늘 스스로를 능동적으로 형성하며, 일련의 조건과 맞물려 (때때로) 상황화될 수 있다.

우리가 잔여를 어떠한 분류 체계에 보관되거나 진열되어야 하는 사물로 여기지 않는다면, 장소를 기반으로 새로운 관계를 맺고 잠재성을 실현하는 잔여의 행위자성을 뚜렷하게 이해할 수 있다.

이러한 맥락에서 파리카는 잔여를 고려할 때 그것이 위치한 공간과 그 공간(환경)의 조건들을 함께 고려해야 한다고 주장한다. 이 주장은 아카이브 안에 존재하는 잔여, 그리고 그것을 계속 존속시키기 위한 제도적 조건들과도 연동된다. 가령 방문자의 입장에서 잔여는 제도적 공간 안에 자연스레 위치하는 것, 즉 어떠한 분류 체계에 의해 진열된 개별 대상처럼 보인다. 그러나 그것은 공간에서 개별 대상로 분리된 것이 아니며, 그 공간의 조건 즉 온도, 습도, 보관 시스템, 심지어 관리에 필요한 노동과의 긴밀한 관계 속에서 지속된다.

잔여가 남아 있기 위해 필요한 물적 조건, 혹은 잔여가 남아 있음으로써 미치는 공간적 영향을 환기하는 것은 공간에 포개어진 여러 층위의 시간에 가닿는다. 특히 파리카는 잔여를 "다른 시간 영역으로 향하는 일차적 진입구"(Parikka, Schneider, & Jucan, 2025)로 정의하며, 이때의 시간성이 역동적이며 다중적이라고 주장한다. 다시 말해 잔여의 시간성을 탐구하는 것 자체가 우리가 살고 있는 시간이 단일하지 않다는 사실을 환기한다. 이는 우리가 과거, 현재, 미래의 단선적 시간을 살고 있다는 관념을 전복할 수 있다. 푸코가 처음 제안하고 윈스럽영이 미디어 연구에서 심화한 헤테로크로니아(heterochronia)는 이러한 시간성을 설명하는 데 중요한 개념이다. 가령 박물관이나 아카이브에 보관되어 사람들에게 보이는 유물로서 잔여는 그 자체로 이질적인 시간의 중첩을 발생시킨다. 쉽게 말해 잔여는 '과거'가 부동의 상태로 머무는 것이 아니라 다중적 시간 속에서 동시적으로 존재하는 헤테로크로니아적 시간성을 지닌다. 이러한 잔여의 다중적 시간성은 물론 잔여의 공간성과도 긴밀하게 엮여 있다. 잔여가 보관되어 있든, 우리의 의식 밖에서 잊히거나 인지되지 않은 채로 있든, 그에 대해 생각하기 시작하면 잔여가 어떤 자리를 얼마나 오래 점유했는지 혹은 원본으로부터 얼마나 멀리 떨어져 분산해 있는지를 상기할 수밖에 없다.

미래의 아카이브를 향하여

잔여의 존재론에 기반한 시간과 공간에 대한 탐구는 궁극적으로 다음과 같은 질문으로 이어진다. 아카이브는 어디에서 생겨나는가? 잔여와 연관된 장소와 시간의 범위는 어디까지 뻗어 나갈 수 있을까? 이는 최종적으로 '앞으로 아카이브를 어떻게 그려 볼 것인가'라는 질문에 다다른다. 잔여(특히 과거의 미디어 역사적 대상들)를 다루는 동시대 인문학 연구소와 옛날 기술적 장치들을 다루는 동시대 실험실[볼프강 에른스트가 주관하는 MAF(Media Archaeological Fundus. 미디어고고학적 기저부)나 시그널랩(Signal Lab) 등]이 바로 이 질문을 기반으로 다양한 실천을 펼치고 있다. 이들 연구소와 실험실은 미디어 유물을 직접 손으로 만지고 작동시키는 행위를 통해 그 잔여를 현재로 불러오고, 그것과 얽히는 가능한 관계를 현실화한다.

파리카가 주목하는 이러한 사변적 실천은 잔여를 역사를 쓰는 도구로 삼기보다는 잔여가 자체적으로 만들어 내는 교차적·재귀적 시간성을 정동적으로 추적한다. 이는 기존 '역사'적 아카이브와 차원을 달리하는 까다로운 작업이다. 하지만 그 미디어고고학적 방법론은 잔여를 통해 물질, 시간, 공간, 다층적 시간성의 복잡한 얽힘을 단순화하지 않고 그대로 전개하며, 그 과정에서 끊임없이 협상하는 기관·제도 차원의 전례 없는 실천이다. 파리카에 따르면 이처럼 잔여들을 단순한 남겨짐·버려짐의 대상이 아니라 세계와 끊임없이 관계 맺는 주체로 대하고, 잔여들이 일차적으로 드러날 수 있는 상황들을 조성하는 것은 오늘날 학문과 예술의 중요한 과업이다.

참고문헌

Parikka, J., Schneider, R., & Jucan, I.(2019). *Remain*. University of Minnesota Press. 심효원·유지원 옮김(2025). ≪잔여≫. 커뮤니케이션북스.

10
가동적 미디어

가동적 이미지는 기계가 세계를 가동하는 과정에서 생성되고 활용되는 이미지로, 데이터 처리·분석·예측에 폭넓게 쓰인다. 가동적 이미지는 플랫폼 환경에서 레이블링, 분석, 렌더링 등 분산된 관찰을 거친다. 이는 시각성과 비시각성이 교차하는 역동적 과정이다. 역사상 과학·측량 등의 분야에서 그러한 이미지가 존재해 왔고, 동시대 디지털 문화로 강화되고 있다.

가동적 이미지 개념

동시대 디지털 문화를 특징짓는 가동적 이미지(operational images)는 영화감독이자 미디어아티스트인 하룬 파로키(Harun Farocki)가 2000년 전후 작품과 글을 통해 제시한 개념이다. 파로키는 이미지가 기계의 눈, 즉 '머신 비전' 덕에 전면 확장되어 재현이 아니라 가동의 일환이 될 것이라고 예견했다. 파로키의 예견은 21세기에 들어 전방위로 실현되었다. 1990년대 걸프전쟁에서 단초를 찾을 수 있었던 기계 비전의 가동성은 군사·보안 부문뿐 아니라 여러 민간 기술 인프라와 물류의 중심축으로, 각종 산업 분야를 포함해 현시대의 지배적 체제로 급속히 거듭났다. 지금 세계는 머신 비전에 의해 실시간으로 그리고 끊임없이 구성된다고 말해도 과언이 아니다.

과거에는 이미지가 인간의 시각 중심으로 생산되고 순환한다고 여겨졌다. 그러나 이제 그 주체가 기계가 되었다. 인간의 보는 메커니즘과는 다른 시각, 즉 시각의 통상적 의미에 엄밀히 들어맞지 않는 감지 능력으로서 이미지 프로세싱이 가동적 이미지의 핵심이다. 따라서 가동적 이미지는 과거의 틀로 이해할 수 없다. 그것을 이해하려면 이미지의 범위를 확장하거나 전환적 사고를 도모해야 한다. 즉 더욱 포괄적인 가동성의 일환에서 접근해야 한다. 가동적 이미지는 이미지와 관련한 시각 문화, 영화를 포함한 학문 분야에서 활발하게 논의되고 있지만, 그 논의는 이미지에만 한정되어서는 안 되고 다른 분야와 지속적으로 연결되고 확장되어야 한다.

이런 맥락에서 파리카는 '가동적 이미지' 개념에서 가동성에 중점을 두고, 이미지는 인프라·기술·장치 등이 가동하는 과정에서 중요하게 동원되는 핵심 도구로 대한다. 데이터에 이미지를 연동하거나 이미지를 데이터로 처리하는 것은 기본적으로 컴퓨터의 연산에 의거하며, 디지털 플랫폼이 이러한 기능을 구조화하는 체계의 바탕이 된다. 그러한 작용 때문에 가동적 이미지는 '이미지'임에도 불구하고 단순히 드러난 것, 즉 시각적인 것으로만 여겨져서는 안 되며, 비시각적으로 공간에 펼쳐진, 즉 드러나지 않은 층위까지 포함해야 한다. 더 나아가 동시대 이미지의 경향은 시각성 자체를 재편성한다. 이 점에 집중해 파리카는 파로키 그리고 가동적 이미지의 의미를 한층 현대적으로 쇄신한 미디어아티스트 트레버 패글렌(Trevor Paglen)과 히토 슈타이얼(Hito Steyerl)에 이어, 에이드리언 매켄지(Adrian MacKenzie)와 애나 먼스터(Anna Munster)의 '플랫폼 보기(platform seeing)'를 중요하게 참조한다.

플랫폼 보기와 비시각성

파리카가 참조한 매켄지와 먼스터의 주장을 간략하게 정리해 보자면 다음과 같다. "그[동시대 이미지 조합체의] 가동성은 기존 재현의 범주를 넘어, 디프러닝 네트워크처럼 장치, 하드웨어, 인간 행위자, 인공 네트워크 아키텍처를 통해, 그리고 그것들을 가로지르는 관찰 사건을 통해 실행된다."(MacKenzie & Munster, 2019: 5) 구글이나 페이스북 같은 플랫폼에 이미지들이 집결되면, 시각 데이터를 분류하는 레이블링(labeling)과 시스템이 이를 처리 가능한 형태로 전환하는 포매팅(formatting) 과정을 거쳐 분석이 이루어진다. 이때 관찰과 처리의 사건들은 특정 주체가 한눈에 파악할 수 없을 만큼 분산해 있고, 서로 다른 규모의 기술·사회적 층위 속에 얽혀 있다. 이러한 분산성과 다층성은 '플랫폼 보기'의 핵심 특징이다. 다시 말해 플랫폼 보기에는 파놉티콘(panopticon)처럼 전체를 조망하는 단일한 감독 주체(가령 중앙탑의 감시자)가 존재하지 않는다. 그리고 이런 가동 방식은 인간의 시각적 범주를 넘어선다. 바로 이 지점에서 플랫폼 보기는 비시각적 가동 방식의 맥락을 형성한다.

파리카는 가동적 이미지, 더 넓게는 가동성의 존재론을

논할 때 가장 먼저 이미지와 이미지가 아닌 것이 어떻게 구분되는지, 그 둘이 정확히 구분될 수 있는지에 관해 근본적 물음을 던진다. 구체적으로는 '비시각성(invisuality)'과 '비가시성(invisibility)'이 각기 다른 맥락에서 언급되어 왔음을 지적한다. 비가시성이 인간의 눈에 보이지 않는 시각적 상황에서 많이 쓰인다면, 비시각성은 주로 인간의 눈을 거치지 않고 처리될 수 있는 수학적 연산, 데이터, 플랫폼과 관련된다. 파리카는 이 구분을 통해 아날로그 대 디지털이라는 이분법을 넘어 감각과 지각의 불일치 그리고 이미지의 훈련·통제·활용 과정을 역사적으로 탐구할 수 있다고 본다. 특히 (어떤 대상을 본다는) 감각과 (그것이 있다는) 지각이 꼭 일치하는 것은 아니라는 점을 일깨우며 감각을 특정 방향으로 조율하거나 이미지를 훈련·교육에 동원하는 기법에 관한 여러 역사적 사례를 제시한다. 이로써 미디어 기술이 비시각적인 생산 양상 즉 이미지에 얼마나 깊이 개입하는지 강조한다. 또한 비시각성의 '비-(in-)'에는 '이미지가 아닌 형식'과 '안에 있음'을 동시에 뜻하는 중의성이 있다. 즉 비시각성의 의미에는 눈에 보이지 않지만 네이터 물류에 의해 공간적으로 확장된 상태까지 포함된다.

이러한 가동적 이미지론에서 이미지는 시각성과 비시각성 사이를 오가며 변형되고, 플랫폼 안에서 순환하는 과정에서 대량으로 데이터화되어 여러 경로로 모인 다른 데이터와 결합하는 동적 관계망의 일부로 작동한다. 요는 가동적 이미지가 (분산적이지만) 그 자체로 고유한 행위성을 지니고 있다는 것이다. 이미지의 동적 활동이 일어나는 기반인 플랫폼은 다양한 제도적 지식을 구축하고 유지한다는 점에서 이미지 역사의 뒤를 잇는다. 여기에 현시대의 자본주의, 정치지리학, 디지털 문화가 교차하는 장으로서 시대적 맥락이 덧붙는다. 가동성은 이미지를 특정 형식으로 포매팅하며, 나아가 세계를 특정 패턴으로 포매팅한다.

이 지점에서 파리카는 패글렌과 입장을 달리한다. 패글렌은 파로키의 <눈/기계(Eye/Machine)>에서와 달리 기계는 인간에게 보이기 위해서가 아니라 다른 기계를 위해 이미지를 생성한다고 주장한다. 이 주장에 따르면 비가시성은 기계-기계 간 이미지 교환의 맥락에 있다. 반면 파리카는 비시각성의 맥락에서 기계 중심 이미지 제작이 근대 과학기술의 실천에서도 행해졌으며, '이미지' 하면 떠오르는 시각 예술 분야보다는 오히려 데이터 중심 과학적 실험이나 측량 같은 영역에서 광범하게 이루어졌다고 지적한다. 즉 지금의 가동적 이미지는 과거와 단절된 완전히 새로운 현상이 아니라, 플랫폼 환경에서 그 양상이 심화하고 확장되었다는 것이 파리카의 입장이다. 따라서 파리카는 가동적 이미지의 미학적 차원만을 천착하기보다는 데이터와 연산을 통해 그것이 세계를 어떻게 조직하고 규율화해 왔는지 살펴보는 데 초점을 맞춘다.

가동적 이미지의 사례와 사회적 의미

세계의 조직과 규율화의 일환에서 가동적 이미지는 특정 방식으로 세계를 보여 주는 왜곡이나 편향과 결부된다. 그러므로 가동적 이미지는 우리 신체와 감각을 조율하는 노동과 차별 같은 인간 집단의 문제와 직결된다. 가동적 이미지의 (비)시각성은 결국 보이지 않는 것을 특정 목적하에 특정 대상에게 보여 주는 과정이다. 이 과정은 단순한 시각화가 아니라 GPU 병렬처리, 플랫폼 인프라(NVIDIA 등), 디프러닝 모델 파이프라인이 결합한 복합적인 컴퓨터 연산 사건이며, 정치적·경제적 생태의 일부로 가동된다. 이러한 렌디링은 재현적 이미지가 아니라 비가시적 데이터를 토대로 '표면'을 생성하는 연산 과정이다. 플랫폼을 주축으로 벌어지는 다양한 관찰적 사건들이 비선형적이고 변형된 렌더링을 통해 세계를 모델링한다. 이로써 가동적 이미지는 디지털 이미지, 빅데이터, 인공지능을 넘어 플랫폼, 데이터셋, 모델 분석의 복합적인 과정 속에 배치된다.

이미지는 가동성을 실현하는 부차적 기능, 즉 측정의 한 방식이다. 예를 들어 19세기 말 프랑스의 생리학자인 에티엔쥘 마레(Étienne-Jules Marey)의 연쇄사진 기법에서 이미지는 데이터 수집 과정의 도구로 사용되었다. 이런 종류의 이미지는 데이터로 전환되고, 이 데이터는 다시 통계적 모델로 구성된다. 그렇게 구성된 모델은 환경을 고유의 방식으로 이미지화한다. 더 나아가 이미지는 시각 영역을 넘어 인간과 비인간 환경의 관계를 형성하는 형식이 된다. 여기서 이미지는 그 자체로 가동적이지는 않지만 제도, 기술, 지정학적·물질적 상황 등과 연관되어 그것들을 묘사할 수 있다. 이미지는 심지어 동시대의 완전한 자동화 환경에서뿐 아니라 인간의 활동이 이루어지는 다양한 상황에서 행동의 지침 역할을 담당하기도 한다. 또한 이미지에 대한 이미지도 존재한다. 이는 가동하는 이미지를 드러내기 위해 만들어진 이미지다. 예컨대 데이터 시각화는 단순히 보는 문제를 넘어 가동의 기반이 되는 과정을 전면에 내세워 이미지화한다. 이는 미학적 수단이기에 앞서 실질적 훈련의 일부로서 특정 행위나 상황 인지를 인지적·정서적·목표지향적으로 돕는 것이다. 이것이 바로 가동적 미학이 의미하는 바다.

가동적 이미지는 본질적으로 도시의 인프라나 제반 장치와 불가분하다. 무선인터넷 신호가 신체 자세와 움직임을 감지하는 센서로 가동될 수 있는 것처럼 도시는 매핑, 시각화, 모델링으로 전환될 수 있는 신호들로 가득하다. 이 신호들은 기본적으로 눈에 보이지 않지만 데이터의 매핑·시각화·모델링과 결합해 확장된 의미에서의 이미지 기능을 수행할 수 있다. 우리가 거주하는 도시는 신호에 토대한다. 신호는 그것이 사용되는 장치에만 선택적으로 영향을 미치는 것이 아니라 범위 안에 있는 모든 것과 맞닿아 있다. 마치 두통 때문에 먹은 진통제가 머리뿐 아니라 전신으로 퍼지는 것처럼, 도시에서의 신호 역시 신호를 수신할 수 있는 특정 장치에만 선택적으로 연결되는 것이 아니라 그 범위 내 모든 요소와 보이지 않는 방식으로 연결되어 있다. 그러므로 우리를 둘러싼 신호를 이미지로 변환하면 신호가 인간 몸에 닿으며 얻는 공간 정보가 매핑, 시각화 그리고 특정 샘플링 주기를 통해 모델링된다. 복잡성과 분산성을 특징으로 하는 21세기의 대규모 자율 시스템 속에서 이미지는 가동적 존재의 일환으로 거듭났고, 그 기반인 기술적 인프라는 정치경제적 논리에 따라 도시를 컴퓨터로 재구성하는 가동성을 펼친다. 도시는 데이터와 가동적 이미지, 경제적 자산이 통합된 스마트시티로 재편되고 있다.

블랙홀 이미지는 파리카의 가동적 이미지론에 대한 설명을 매듭짓는 데 적절한 사례다. 블랙홀 이미지는 인간의 육안으로 직접 관찰할 수 없다. 그것은 여러 전파망원경에서 수집한 전파 신호 데이터를 복합적으로 합성한 이미지다. 즉 이 이미지는 표면적으로 이미지 분야와 직접 맞닿지 않은 듯한 물리학, 천문학, 전자공학, 컴퓨터 과학 등 다양한 과학기술 분야의 긴밀한 협력과 융합을 통해 구현될 수 있었다. 이렇게 만들어진 이미지는 직접 관찰하거나 다른 사진 이미지와 비교 검증할 수 없는 데이터 기반 성격을 띤다. 시각적으로 직접 대조하기 어렵다는 점에서 이 이미지는 화제가 된 만큼이나 객관성 논란에 휩싸이기도 했다.

파리카의 논지에 따르면 블랙홀 이미지는 신호 기반 혹은 신호와 호환 가능한 디지털 데이터 형식으로, 전통적 이미지와 구별되는 동시대 가동적 이미지의 널리 알려진 사례다. 그것은 동시대의 이미지가 시각성과 비시각성의 이분법을 뛰어넘는 차원에 있고, 이에 발맞춰 이미지의 객관성에 대한 개념을 확장할 필요가 있음을 시사한다. 블랙홀 이미지의 객관성은 시각적 기준이 아니라 그것을 구성하는 데이터가 정확하게 수집되고 처리되고 분석되었는지에 달려 있다. 이러한 데이터 프로세스에는 제도, 경제, 지식 등 인간 사회의 다양한 체계와 행위가 복합적으로 개입한다. 이들 체계와 행위를 포괄적으로 이해해야 한다.

가동적 이미지는 인간과 비인간의 공동 결정을 나타낸다. 행성 규모의 이 거대한 가동 속에서 이미지가 우리 삶 속에 스며든다. 우리는 이미지를 보는 시대가 아니라 이미지 속에서 사는 시대를 살아간다. 따라서 가동적 이미지 연구는 시각 이미지나 미디어 연구의 범주를 넘어 동시대 기술과 문화 전반을 매개하는 역학과 권력관계, 그것들의 시각성과 비시각성을 거시적으로 탐구하는 문화적 기획이다.

참고문헌

MacKenzie, A. & Munster, A.(2019). Platform Seeing: Image Ensembles and Their Invisualities. *Theory, Culture & Society, 36*(5), pp. 3–22.

Parikka, J.(2023). *Operational Images: From the Visual to the Invisual.* University of Minnesota Press.

유시 파리카(Jussi Parikka, 1976~)

핀란드 출신 문화역사가. 현재 덴마크 오르후스대학교의 디지털미학·문화학과 교수이자 영국 사우샘프턴대학교의 방문연구교수로 있다. 환경 미디어와 기술 문화를 연구한다. ≪미디어고고학이란 무엇인가?≫(2012) 등으로 미디어고고학 담론을 주도적으로 생산했고, ≪미디어의 지질학≫(2015)을 비롯한 미디어 생태학 삼부작으로 반향을 불러일으켰다. 최근에는 ≪가동적 이미지: 시각에서 비시각으로≫(2023), ≪살아 있는 표면: 이미지, 식물, 미디어 환경≫(공저, 2024) 등으로 동시대 인문학의 저변을 확장하고 있다. 트랜스미디알레 2023을 포함한 여러 예술 기획에 큐레이터로 참여했다.

심효원

미디어연구자. 현재 연세대학교 매체와예술연구소에서 학술연구교수로 있다. 최근 논문으로는 "'비판적' 기호식: 예수, 인디오, 식물의 세 가지 경우", "식물의 가상적 이미지", "공동체적 행위로서의 후각" 등이 있고, ≪물질의 삶≫, ≪21세기 사상의 최전선≫ 등에 공저로 참여했다. 유시 파리카의 "수천 개의 작은 미래들", ≪미디어의 지질학≫, ≪잔여≫(공역), ≪동시대의 느린 폭력≫, ≪미디어고고학이란 무엇인가?≫(공역)를 포함한 여러 글과 책을 번역했다.